U0613820

琴清閣書目

清乾隆周氏香岩書屋稿本

（清）周錫瓚　藏并撰

國家圖書館出版社

圖書在版編目(CIP)數據

琴清閣書目 / (清)周錫瓚藏并撰. —北京:國家圖書館出版社,2020.1
ISBN 978 -7 -5013 -6868 -6

Ⅰ. ①琴… Ⅱ. ①周… Ⅲ. ①古籍 - 圖書目録 - 中國 - 清代 Ⅳ. ①Z838

中國版本圖書館 CIP 數據核字(2019)第 230603 號

書　　名 琴清閣書目
著　　者 周錫瓚　藏并撰
責任編輯 史百艷
封面設計 程言工作室

出版發行 國家圖書館出版社(北京市西城區文津街 7 號　100034)
(原書目文獻出版社　北京圖書館出版社)
010 -66114536　63802249　nlcpress@ nlc. cn(郵購)
網　　址 http://www. nlcpress. com
印　　裝 河北三河弘翰印務有限公司
版次印次 2020 年 1 月第 1 版　2020 年 1 月第 1 次印刷

開　　本 787 × 1092(毫米)　1/16
印　　張 19.7
書　　號 ISBN 978 -7 -5013 -6868 -6
定　　價 300.00 圓

《琴清閣書目》影印説明

《琴清閣書目》不分卷，清周錫瓚藏并撰，清乾隆（1736—1795）周氏香岩書屋稿本。一册。

周錫瓚（1742—1819），原名漣，字仲漣，號香岩，又號漪塘，江蘇吴縣（今蘇州）人。乾隆三十年（1765）中副榜。家富藏書，精於鑒别。其香岩書屋藏書，與同郡黄氏士禮居、袁氏五硯樓、顧氏小讀書堆并稱。

是書爲周氏稿本。藍格，版心下印有『香岩書屋』四字。封面有江標題識，云：『《琴清閣書目》稿本一册，己丑十月趙静涵師檢付。元和江標記。』下鈐『師許堂藏書』朱文長方印及『丙辰年查過』楷字朱記。

按：江標（1860—1899），字建霞，號師許，江蘇元和（今蘇州）人。光緒十五年（1889）進士，授編修，出爲湖南學政，擢四品京堂。因參與變法，遭禁錮革職，鬱鬱以終。標博學，詩文俱佳，兼工繪事，又性好藏書，尤擅金石目録之學。嘗於湖南學政任內，刊《靈鶼閣叢書》，風行一時。而其所謂『趙静涵師』，爲趙元益也。元益（1840—1902），字静涵，昆山（今屬江蘇）人。光緒十四年（1888）舉人。喜藏書，所藏善本頗富，不乏宋元明及清初刻本及名家鈔本，種類達數百種。多經黄丕烈、汪士鐘等藏書大家遞藏。光緒間（1875—1908）元益擇其所藏善本中的精校舊鈔，或罕見版本，輯成《高齋叢刊》行世，頗受關注。從江氏題記可知，此稿本乃光緒己丑（十五年，1889）十月，從趙元益處所得。

是書後歸現代知名文獻學家王大隆所有。王大隆（1901—1966），字欣夫，號補安，後以字行，吴縣（今江蘇蘇州）人。幼岐嶷好學，曾先後師從近代著名學者吴江金松岑（1873—1947）、吴縣曹元弼（1867—1953），以博學篤行而見重學界。民國十八年（1929）後，受聘於上海聖約翰大學國文系，先後任講師、副教授、教授。建國後，因院系調整，轉至復旦大學中文系任教，直至逝世。先生教學之餘，致力於傳統文獻研究，其繼承清代以來吴中樸學傳統，平生治學，由經學、小學入門，泛濫子史百家，通曉學術源流，熟諳古今著述，被公認爲一流學者。又好書如命，非惟藏書滿架，且矻矻於鈔校編纂，前賢遺著及稀見文獻賴以存傳。由於爲鄉賢手澤，王氏對此極爲寶愛，於書前作題記，詳述該書之珍秘及遞藏原委。兹移録於下：

> 吾吴四大藏書家，祇蕘圃有目録及題識傳世。此周漪塘藏書目，亦蕘圃舊物。雖少宋元刊本，而鈔本頗多珍秘者。目下批注價值，意售書時所爲，亦士禮居所刻《汲古閣秘本書目》之比也。中如《津逮秘書》全部，經惠半農、松崖父子手批，真人間瑰寶。昔年曾得首函六册，有陶文毅公名印，是此書曾歸安化。今復零落，不知其他各集尚在天壤間否？憶涵芬樓有盧抱經手校《古今佚史》全部，爲周季况物，惜付劫灰。然老輩讀書精勤如此，令人低徊仰慕，不能自已。庚寅五月十四日，王大隆。

此書目每種之上，鈐『周曰漣猗塘印』白文印，似爲核驗所記。下注價格，當爲售書時所爲。書目中宋元版不多，而所録舊鈔，既富且佳。周氏藏書目另有一種曰《漱六樓書目》，與此合觀，可知其收藏大略。

《中國古籍善本書目》著録。除上述印記外，尚鈐有『士禮居藏』朱文長方印、『蕭江書庫』朱文長方印、『汪鳴瓊印』白文方印、『愚齋圖書館藏』朱文方印、『王大隆』白文小方印、『欣夫』朱文小方印、『復旦大學圖書館藏』朱文長方印。據此，可知其遞藏之原委。

由於此書目流傳甚少，且頗具學術價值，故而將其影印問世，以饗讀者。

眭駿

二〇一九年十二月

目録

琹清閣書目稾本一冊

己丑十月趙靜涵師檢付

元和江標記

辰年查過

吾吳四大藏書家祇蕘圃有目錄及題識傳世此周漪塘藏書目亦蕘圃舊物雖少宋元刊本而鈔本頗多珍秘者目下批注價值意售書時所為亦士禮居所刻汲古閣秘本書目之比也中如津逮秘書全部經惠半農松崖父子手批真人間瓌寶昔年曾得首函六冊有陶文毅公名印是此書曾歸安化今復零落不知其他各集尚在天壤間否憶涵芬樓有盧抱經手校古今佚史全部為周季況物惜付劫灰然老輩讀書精勤如此令人低徊仰慕不能自已庚寅五月十四日王大隆

经

琴清閣書目

元部

十三經註疏　七十七冊

易經註疏九卷　經晉王弼注繫辭晉韓康伯注唐孔穎達疏

書經註疏二十卷　孔氏傳唐孔穎達疏

詩經註疏二十卷　漢鄭玄箋唐孔穎達疏

春秋註疏六十卷　晉杜預注唐孔穎達疏

禮記註疏六十三卷　漢鄭玄注唐孔穎達疏

周禮註疏四十二卷　漢鄭玄注唐賈公彥疏

儀禮註疏十七卷　漢鄭玄注唐賈公彥疏

十六兩

経　経

穀梁註疏二十卷　晋范甯注解唐楊士勛疏

公羊註疏二十八卷　漢何休註徐彥疏

爾雅註疏十一卷　晋郭璞注宋邢昺疏

孝經註疏九卷　唐玄宗集宋邢昺校定

論語註疏二十卷　魏何晏集注宋邢昺疏

孟子註疏十四卷　漢趙岐注宋孫奭疏

[illegible]

經義考三百卷原缺三卷本朝朱彝尊輯盧見曾刻　四十八冊

欽定三禮義疏　周禮四十八卷　儀禮四十八卷　禮記八十二卷　本朝鄂爾泰等揔裁　一百二十冊

六兩

五兩

經　經　史　史　經

綿 嚴氏詩輯三十六卷　宋嚴粲　十二冊

春秋大事表五十卷　本朝顧棟高著　十六冊

竹 通雅五十二卷　本朝方以智輯姚文燮訂　十六冊　二函

抄白 唐開元禮一百五十卷　唐蕭嵩　十冊　五兩

五禮通考三百六十二卷　本朝秦蕙田　一百二十八冊　十二兩

附讀禮通考一百二十卷　本朝徐乾學

通志堂經解　本朝成德刊　六百冊

易

子夏易傳十卷　唐張弧偽託卜子夏作

易象鈎隐圖三卷　附遺論九事一卷

二

宋劉牧

横渠易説三卷　宋張載

易學一卷　宋王湜

紫巖易傳十卷、　宋張浚

漢上易傳十一卷附卦圖三卷叢説一卷

宋朱震

易璇璣三卷　宋吴沆

周易義海撮要十二卷　宋李衡

易小傳六卷　宋沈該

復齋易説六卷　宋趙彦肅

古周易一卷　宋吕祖謙
童溪易傳三十卷　宋王宗傳
易圖説三卷　宋吴仁傑
周易稗傳二卷　宋林至
易學啟蒙通釋二卷　宋胡方平
周易玩辭十六卷　宋項安世
東谷易翼傳二卷　宋趙汝諧
三易備遺十卷　宋朱元昇
丙子學易編一卷　宋李心傳
易學啓蒙小傳一卷　宋税與權

三

水村易鏡一卷　宋林光世

文公易說二十三卷　宋朱鑑

周易輯說十卷　元王申子

周易輯聞六卷附易雅一卷筮宗一卷　宋趙汝楳

周易傳義附録十四卷　宋董楷

學易記九卷　元李簡

讀易私言一卷　元許衡

大易集說十卷　元俞琰

周易本義附録纂註十五卷

周易啓蒙翼傳三篇外篇一篇　元胡一桂

周易本義通釋十二卷　元胡一桂

易纂言十三卷　元胡炳文

周易本義集成十二卷　元吴澄

周易會通十四卷　元熊良弼

易圖通變五卷　元董真卿

易象圖說三卷　元雷思齊

大易象數鉤深圖三卷　元張理

元張理

四

周易参義十二卷　元梁寅

合訂删補大易集義粹言八十卷　本朝成德編

書

書古文訓十六卷　宋薛季宣

尚書全解四十卷原缺第三十四卷　宋林之奇

禹貢論四卷　宋程大昌

尚書說七卷　宋黄度

增修東萊書說三十五卷　宋時瀾

書疑九卷　宋王柏

書集傳或問二卷　宋陳大猷

禹貢集解二卷　宋傅寅

尚書詳解十三卷　宋胡士行

尚書表注二卷　元金履祥

尚書纂傳四十六卷　元王天與

書傳六卷　元董鼎

書纂言四卷　元吳澄

書蔡傳旁通六卷　元陳師凱

尚書句解十三卷　元朱祖義

五

書集傳纂疏六卷　元陳櫟

尚書旁通十卷　元黄鎮成

讀書管見二卷　元王充耘

定正洪範一卷　元胡一中

詩

毛詩指説一卷　唐成伯瑜

毛詩本義十五卷附鄭氏詩譜一卷　宋歐陽脩

毛詩集解四十二卷　宋李樗黄櫄

毛詩名物解二十卷　宋蔡元度

詩說一卷　宋張耒

詩疑二卷　宋王柏

詩傳遺說六卷　宋朱鑑

逸齋詩補傳三十卷　宋人失名　范處義

毛詩名物鈔八卷　元許謙

詩經疑問七卷　元朱倬

毛詩解頤四卷　明朱善

春秋

春秋尊王發微十二卷　宋孫復

春秋皇綱論五卷　宋王晳

春秋傳十五卷　宋劉敞

春秋權衡十七卷　宋劉敞

春秋意林二卷　宋劉敞

春秋名號歸一圖二卷　宋馮繼先

春秋列國臣傳三十卷　宋王當

春秋本例二十卷　宋崔子方

春秋經筌十六卷　宋趙鵬飛

石林春秋傳二十卷　宋葉夢得

春秋後傳十二卷　宋陳傅良

春秋集解三十卷　宋吕祖謙

春秋左氏傳說二十卷 宋吕祖謙

春秋左氏傳事類始末五卷 宋章冲

春秋提綱十卷 宋陳則通

春秋王霸列國世紀編三卷 宋李琪

春秋通說十二卷 宋黄仲炎

春秋集註十一卷 宋張洽

春秋或問二十卷 宋吕大圭

春秋五論一卷 宋吕大圭

春秋詳說三十卷　宋家鉉翁

春秋類對賦一卷　宋徐晋卿

春秋諸國統紀六卷　元齊履謙

春秋本義三十卷　元程端學

春秋或問十卷　元程端學

春秋集傳十五卷　元趙汸

春秋屬辭十五卷　元趙汸

春秋師說三卷　元趙汸

春秋左氏傳補注十卷　元趙汸

春秋諸傳會通二十四卷

元李廉

春秋集傳釋疑大成十二卷　元俞皐

讀春秋編十二卷　元陳深

春王正月考二卷　明張以寧

三禮

三禮圖二十卷　宋聶崇義

周禮訂義八十卷　宋王與之

考工記解二卷　宋林希逸

儀禮圖十七卷　宋楊復

八

香嚴書屋

禮記集說一百六十卷　宋衛湜

禮經會元四卷　宋葉時

太平經國之書十一卷　宋鄭伯謙

夏小正解四卷　宋傅崧卿

儀禮集說十七卷　元敖繼公

儀禮逸經傳一卷　元吴澄

經禮補逸九卷　元汪克寛

禮記陳氏集說補正三十八卷　本朝成德撰

孝經

孝經註解一卷　唐玄宗宋司馬光范祖禹

孝經大義一卷　元董鼎

孝經定本一卷　元吴澄

孝經句解一卷　元朱申

論語

南軒論語解十卷　宋張栻

論語集說十卷　宋蔡節

孟子

南軒孟子說七卷　宋張栻

孟子集疏十四卷　宋蔡模

孟子音義二卷　宋孫奭

四書

四書纂疏二十六卷　宋趙順孫

四書集編二十六卷　宋真德秀

四書通二十六卷　元胡炳文

四書通證六卷　元張存中

四書纂箋二十六卷　元詹道傳

四書通旨六卷　元朱公遷

四書辨疑十五卷　元人失名

學庸啓蒙一卷　元景星

經總

經典釋文三十卷　唐陸德明

七經小傳三卷　宋劉敞

六經奧論六卷　宋鄭樵

六經正誤六卷　宋毛居正

經説七卷　宋熊朋来

十一經問對五卷　宋何異孫

五經蠡測六卷　明蔣悌生

以上通志堂經解一百三十八種一千七百八十七卷

亨部

汲古閣史記一百三十卷　漢司馬遷

前漢書一百卷　漢班固

後漢書一百二十卷　宋范曄

三國志六十五卷　晉陳壽

晉書一百三十卷　唐太宗

宋書一百卷　梁沈約

齊書五十九卷　梁蕭子顯

梁書五十六卷　唐姚思廉

陳書三十六卷　唐姚思廉

魏書一百十四卷　北齊魏收

北齊書五十卷　隋李百藥

周書五十卷　唐令狐德芬

隋書八十五卷　唐魏徵

南史六百卷　唐李延壽

北史一百卷　唐李延壽

唐書二百二十五卷　宋歐陽脩宋祁

五代史七十四卷　宋歐陽脩

南監本宋史四百九十六卷　元脫脫　一百冊

十一

香嚴書屋

史　史　史　史　史

南監
李

遼史一百十六卷　元脫脫

金史一百三十五卷　元脫脫　二十冊　一

元史二百十卷　明宋濂王褘

以上北監本二十一史二千五百三十一卷

利部

文獻通考三百四十八卷　宋馬端臨　六十冊　明柯維騏校　十二冊

杜氏通典二百卷　唐杜佑　四十八冊

史記一百三十卷　明震澤王氏刊　三十六冊

板史記一百三十卷

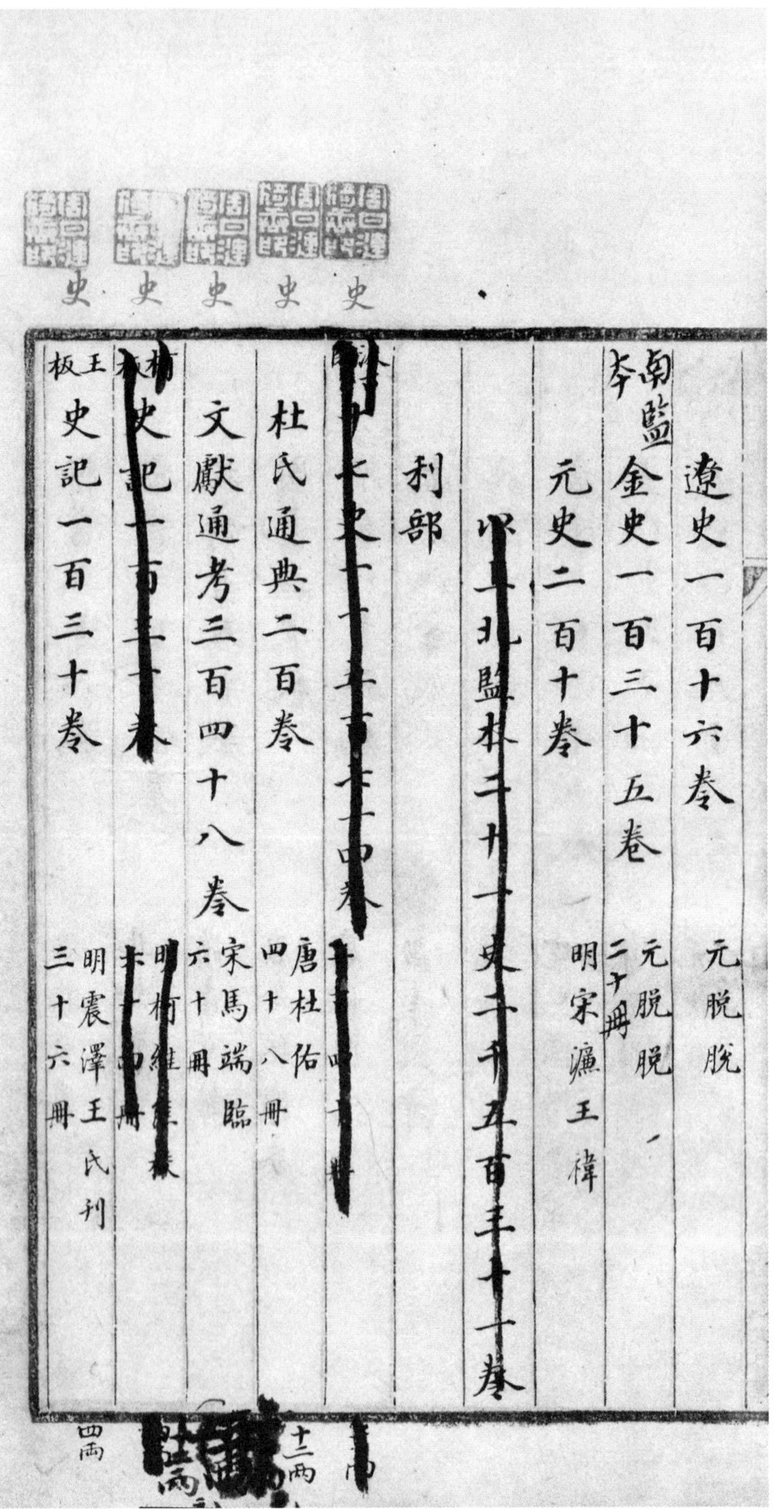

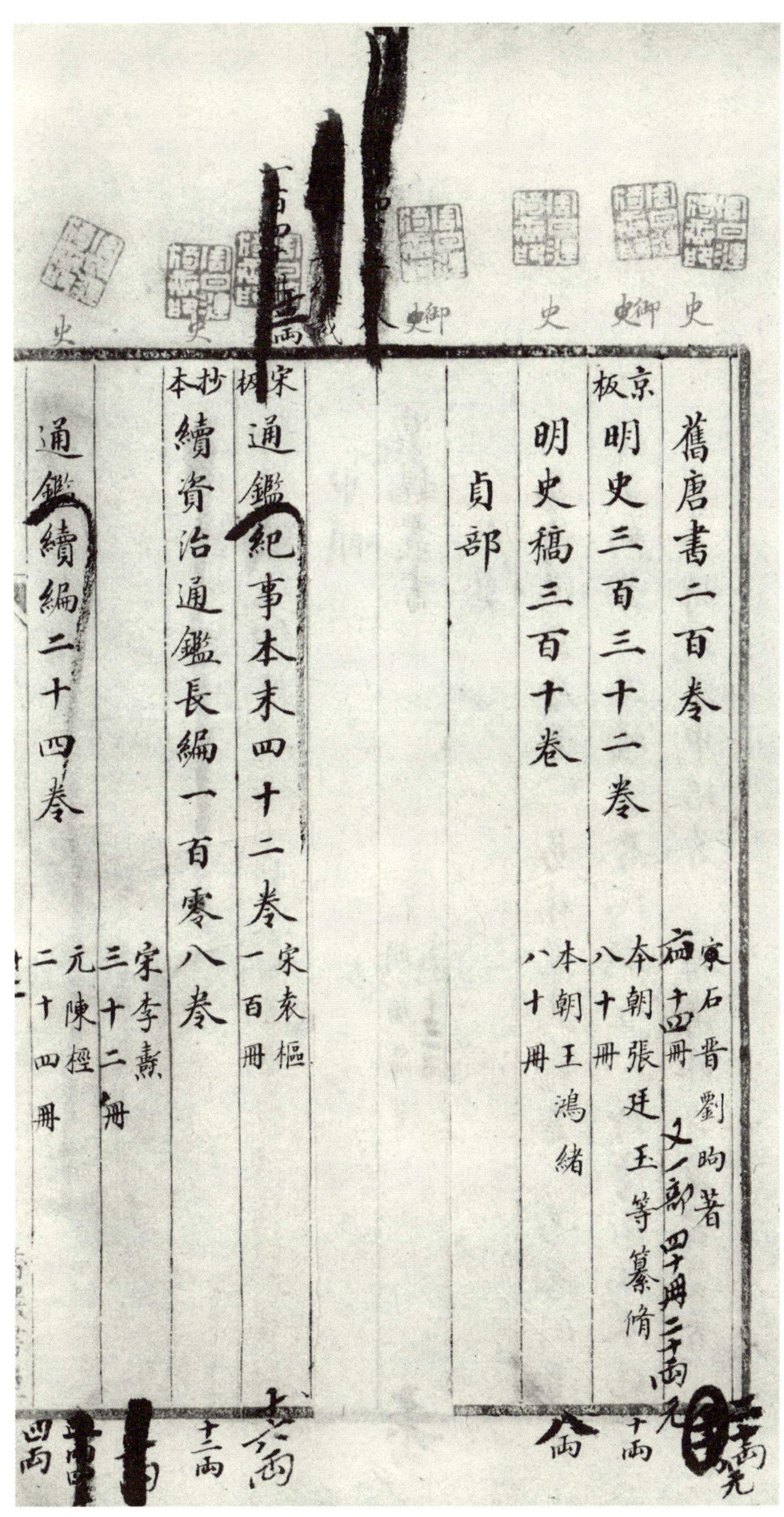

舊唐書二百卷　石晉劉昫著　十四册

京板　明史三百三十二卷　本朝張廷玉等纂脩　八十册

明史稿三百十卷　本朝王鴻緒　八十册

貞部

宋板　通鑑紀事本末四十二卷　宋袁樞　一百册

抄本　續資治通鑑長編一百零八卷　宋李燾　三十二册

通鑑續編二十四卷　元陳桱　二十四册

子　史御　史

宋史全文續資治通鑑三十六卷　明元本坊刻

續通[illegible]一百二十卷

御撰通鑑綱目三編二十卷四冊　本朝張廷玉等撫裁

四錢

甲部

漢魏叢書　明屠隆纂　六十三冊

經翼

易傳漢京房著　易林漢焦贛著　易畧例晉王弼著　三墳書晉阮咸注　詩傳衛端木賜著　詩說漢申培著　韓詩外傳漢韓嬰著

大戴禮記漢戴德著　春秋繁露漢董仲舒著
白虎通漢班固著　獨斷漢蔡邕著　忠經漢
馬融著　孝傳晉陶潛撰　方言漢楊雄紀
釋名漢劉熙著　博雅魏張揖著　小爾雅漢
孔鮒著

別史

吳越春秋漢趙曄著　越絕書漢無名氏補
十六國春秋魏崔鴻著　元經隋王通著　汲
冢周書晉孔晁注　竹書紀年梁沈約注　穆
天子傳晉郭璞著　漢武內傳漢班固撰　飛

燕外傳漢伶玄撰　祕辛漢無名氏撰　羣輔
録晉陶潛著　神僊傳晉葛洪著　高士傳晉
皇甫謐著　英雄記魏王粲著

子餘

參同契漢魏伯陽著　陰符經漢張良注　素
書漢黄石公著　心書漢諸葛亮著　新語漢
陸賈著　新書漢賈誼著　新序漢劉向著
新論梁劉勰著　鴻烈解漢劉安著　孔叢子漢
孔鮒著　法言漢揚雄著　申鑒漢荀悅著
中論魏徐幹著　中説隋王通著　潛夫論漢

王符著　外史漢黃憲著　說苑漢劉向著

論衡漢王充著

載籍

搜神記晋干寶著　神異經漢東方朔著　述異記梁任昉著　齊諧記梁沈約撰　洞冥記漢郭憲著　西京雜記漢劉歆著　拾遺記晋王嘉著　博物志晋張華著　古今注晋崔豹纂　風俗通漢應劭著　人物志魏劉卲著　文心雕龍梁劉勰著　詩品梁鍾嶸著　書品梁庾肩吾著　家訓北齊顏之推著　鹽鐵論漢桓

十洲記漢東方朔著

寬著　三輔黃圖漢無名氏著　華陽國志晉
常璩著　洛陽伽藍記後魏楊衒之著　水經
漢桑欽著　星經漢石申著　荆楚歲時記晉
宗懔著　南方草木狀晉嵇含著　竹譜晉戴
凱之著　刀劍録梁陶弘景纂　鼎録梁虞茘
纂

以上漢魏叢書四集七十六種

黃氏日鈔九十七卷　宋黃震輯　六十四冊

困學紀聞二十卷　宋王應麟著　本朝閻若璩校　何義門批　四冊

古今釋疑十八卷　本朝方中履著　八冊

二両　八錢

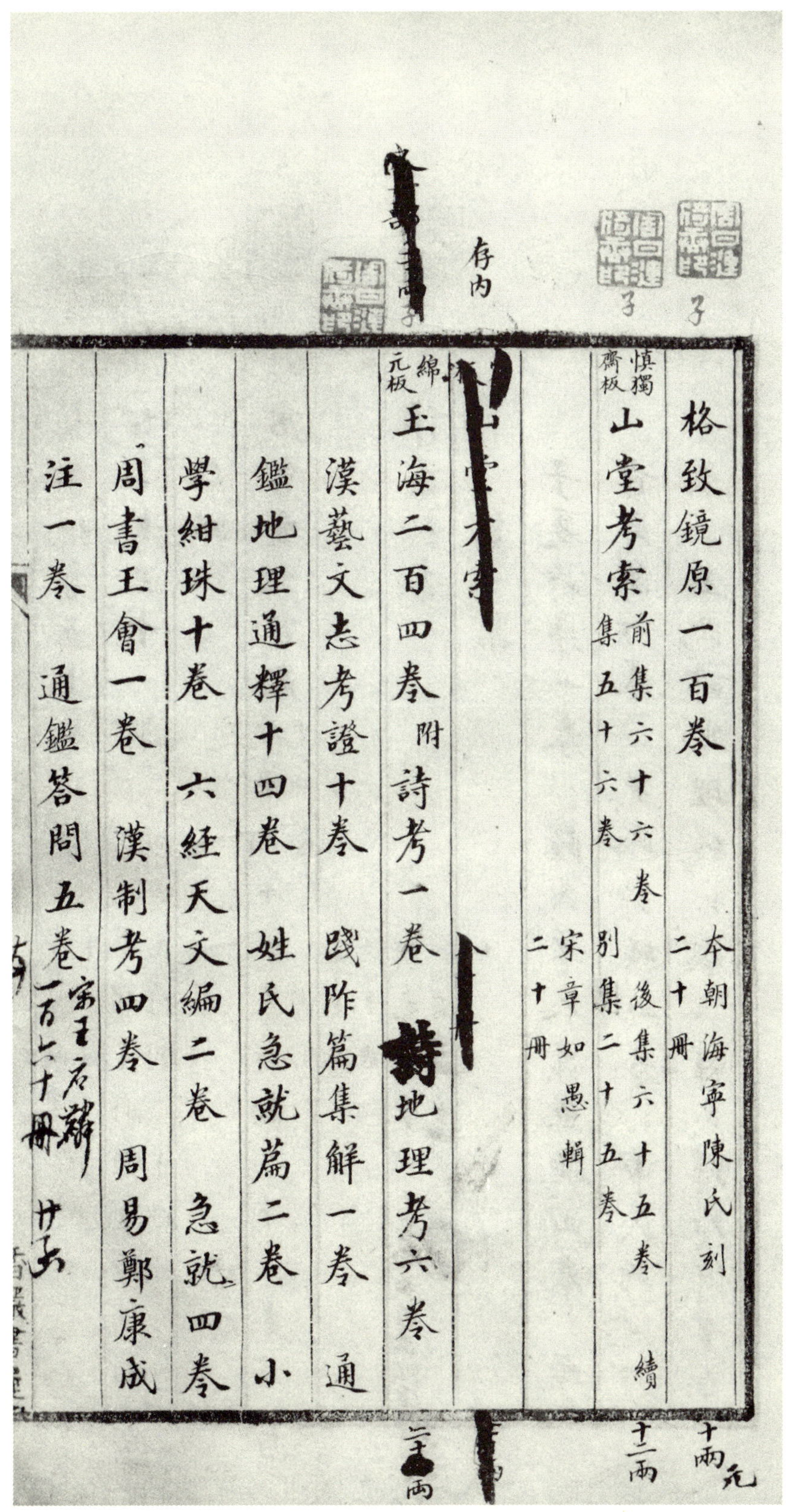

格致鏡原一百卷 本朝海寧陳氏刻 二十冊
愼獨齋板 山堂考索前集六十六卷 後集六十五卷 續集五十六卷 別集二十五卷
宋章如愚輯 二十冊
綿元板 玉海二百四卷 附詩考一卷 詩地理考六卷
漢藝文志考證十卷 踐阼篇集解一卷 通鑑地理通釋十四卷 姓氏急就篇二卷 小學紺珠十卷 六經天文編二卷 急就四卷 周書王會一卷 漢制考四卷 周易鄭康成注一卷 通鑑答問五卷

鈔白 習學紀言五十卷 宋葉適述 十二冊 三兩

綿 古今考三十八卷 宋魏了翁撰方回續 明王圻刊 十冊 一兩二錢

乙部

鈔白 唐會要一百卷原缺九十二卷二翻九十三卷九十四卷 宋王溥 三十冊 十四兩

津逮秘書 明毛晉彙刊 一百三十二冊

第一集

子夏詩序一卷 陸氏草木蟲魚疏四卷 子貢詩傳一卷 王氏詩攷一卷 申氏詩說一卷 王氏詩地理攷六卷 韓氏詩外傳十卷

鄭氏爾雅注三卷

第二集

京氏易傳三卷　陸氏易釋文一卷　關氏易傳一卷　王氏周易畧例一卷　蘇氏易傳九卷　衛氏元包經數五卷　焦氏易林四卷　郭氏周易舉正三卷　李氏易解十七卷　麻衣道者正易心法一卷

第三集

通鑑地理通釋十四卷　齊民要術十卷　通鑑問疑一卷　急就篇四卷　小學紺珠十卷

漢制攷四卷

第四集

佛說四十二章經一卷　胎息經一卷　丸經二卷　道法指歸論六卷　握奇經一卷　星經二卷　葬經一卷 葬經翼附 耒耜經一卷　忠經一卷　周髀算經二卷 數術記遺附 五木經一卷　宅經二卷　參同契二卷　女孝經一卷　墨經一卷　玄女經一卷

第五集

全唐詩話六卷　紫薇詩話一卷　六一詩話

一卷　石林詩話一卷　滄浪詩話一卷　中
山詩話一卷　后山詩話一卷　竹坡詩話一
卷　彥周詩話一卷　文正公詩話一卷　二
老堂詩話一卷
第六集
法書要錄十卷　宣和書譜二十卷　東觀餘
論二卷　金石錄嗣出　廣川書跋十卷　墨池
編嗣出
第七集
圖畫見聞志六卷　圖繪寶鑑六卷　歷代名

畫記十卷　後畫録一卷　古畫品録一卷
續畫品録一卷　宣和畫譜二十卷　畫繼十
卷　畫史一卷
第八集
詩品三卷　益部方物志一卷　二十四詩品
一卷　捫蝨新話十五卷　風騷旨格一卷
歲華紀麗四卷　芥隠筆記一卷　玉藥辦證
一卷　冷齋夜話十卷　桯史十五卷附録一卷
西溪叢語二卷　泉志十五卷
第九集

酉陽雜俎二十卷　五色線二卷　酉陽續雜俎十卷　却掃編三卷　誠齋雜記二卷　劇談録二卷　甘澤謠一卷　瑯環記三卷　本事詩一卷　輟耕録三十卷

第十集　校吴氏書目少七卷

洛陽伽藍記十五卷　西京雜記六卷　焚椒録一卷　佛國記一卷　國史補一卷

第十一集

搜神記十卷　稽神録六卷　後搜神記十卷　冥通記四卷　録異記八卷　異苑十卷

第十二集

東坡題跋六卷　鶴山題跋七卷　山谷題跋九卷　放翁題跋六卷　无咎題跋一卷　姑溪題跋二卷　究耶題跋一卷　石門題跋二卷　淮海題跋一卷　西山題跋三卷

第十三集

六一題跋十一卷　止齋題跋二卷　南豐題跋一卷　魏公題跋一卷　水心題跋一卷　晦菴題跋三卷　益公題跋十二卷　容齋題跋二卷　後村題跋四卷　海岳題跋一卷

第十四集

樂府古題要解二卷　紹興古器評二卷　癸辛雜識前集一卷後集一卷續集二卷別集二卷　揮麈前錄四卷後錄十一卷三錄三卷餘話二卷

第十五集

夢溪筆談二十六卷　邵氏聞見錄二十卷後錄三十卷　湘山野錄三卷續錄一卷　春渚紀聞十卷　錦帶書一卷　齊東野語二十卷

避暑錄二卷　茅亭客話十卷　貴耳錄三卷

子

以上津逮秘書十五集一百四十三種

說郛（旧抄本說郛約五百四十四種此係後人增定本并非明鈔原文）　明陶九成纂　一百六十八冊（正約一千三百餘種）

弓第一（陶珽所定之本）

大學石經一卷　大學古本一卷　中庸古本一卷　詩小序一卷　詩傳一卷　詩說一卷

弓第二

乾鑿度一卷　元包一卷　潛虛一卷　京氏易畧一卷　關氏易傳一卷　周易畧例一卷　周易古占一卷

弓第三

夫函

周易舉正一卷　讀易私言一卷　元包數義一卷　續著記一卷　論語筆解一卷　論語拾遺一卷　疑孟一卷　詰墨一卷　翼莊一卷

弓第四

毛詩草木鳥獸蟲魚疏二卷　詩說一卷　三禮叙錄一卷　夏小正一卷　月令問荅一卷

九經補韻一卷　小爾雅一卷　蜀爾雅一卷　羌爾雅一卷

弓第五

三墳書一卷 易飛候一卷 易洞林一卷
易稽覽圖一卷 易川靈圖一卷 易通卦驗
一卷 尚書璇璣鈐一卷 尚書帝命期一卷
尚書考靈耀一卷 尚書中候一卷 詩含神
霧一卷 詩記厯樞一卷 春秋元命包一卷
春秋運斗樞一卷 春秋文曜鉤一卷 春秋
合誠圖一卷 春秋孔演圖一卷 春秋說題
辭一卷 春秋感精符一卷 春秋潛潭巴一
卷 春秋佐助期一卷 春秋緯一卷 春秋
後語一卷 春秋繁露一卷 禮稽命徵一卷

禮含文嘉一卷　禮斗威儀一卷　大戴禮逸
一卷　樂稽耀嘉一卷　孝經援神契一卷
孝經鉤命決一卷　孝經左契一卷　孝經右
契一卷　孝經內事一卷　孝經折疑一卷
五經通義一卷　龍魚河圖一卷　河圖括地
象一卷　河圖稽命徵一卷　河圖稽耀鉤一
卷　河圖始開圖一卷　洛書甄耀度一卷
遁甲開山圖一卷　淮南畢萬術一卷

弓第六

聖門事業圖一卷　蕙明書五卷　希通錄一

卷　寶賔録一卷

弖第七

化書六卷　素書一卷　枕中書一卷　參同

契一卷　陰符經一卷

弖第八

三教論衡一卷　二諦義一卷　漁樵對問一

卷　西疇常言一卷　藝圃折中一卷　發明

義理一卷

弖第九

鹿門隱書一卷　山書一卷　兩同書一卷

迂書一卷　新書一卷　權書一卷

号第十

正朔考一卷　史剡一卷　綱目疑誤一卷

揚子新注一卷　新唐書糾繆一卷　遂初堂書目一卷

号第十一

輶軒絕代語一卷　獨斷一卷　臆乘一卷

芥隱筆記一卷　冝齋野乘一卷

号第十二

中華古今注三卷　古今攷一卷　刑書釋名

一卷　釋常談三卷　續釋常談一卷　事原
一卷　袖中記一卷
弓第十三
演繁露一卷　學齋呫嗶一卷　李氏刊誤一
卷　孔氏雜識一卷
弓第十四
鼠璞二卷　資暇錄一卷　賓退錄一卷　紀
談錄一卷　過庭錄一卷　楮記室一卷
弓第十五
螢雪叢說二卷　孫公談圃三卷　墨客揮犀

一卷　師友談記一卷

弓第十六

宋景文筆記一卷　王文正筆錄一卷　丁晋公談錄一卷　楊文公談苑一卷　欒城遺言一卷

弓第十七

愛日齋叢抄一卷　能改齋漫錄一卷　羅子蒼識遺一卷　退齋雅聞錄一卷　南墅閑居錄一卷　雪浪齋日記一卷　廬陵官下記一卷　玉溪編事一卷　諸宮故事一卷　麟臺

故事一卷　五國故事一卷　郡閣雅言一卷

弓第十八

侯鯖録一卷　畫墁録一卷　攄青雜記一卷

樂郊私語一卷　隐窟雜志一卷　梁溪漫志

一卷　墨娥漫録一卷　三水小牘一卷

弓第十九

寓簡一卷　碧雞漫志一卷　晁氏客語一卷

涪翁雜識一卷　雲麓漫抄一卷　黄氏筆記

一卷　兩抄摘腴一卷　碧湖雜記一卷　西

林日記一卷　搜神祕覽一卷　牧豎閑談一

卷　紫薇雜記一卷

弓第二十

巖下放言一卷　玉洞雜書一卷　石林燕語

一卷　避暑錄話一卷　深雪偶談一卷　蕈

航記談一卷　豹隱記談一卷　悅生隨抄一

卷　齊東埜語一卷　邇言志見一卷　晰獄

龜鑑一卷

弓第二十一

青箱雜記一卷　冷齋夜話一卷　癸辛雜識

一卷　墨莊漫錄一卷　龍川別志一卷　羅

湖野錄一卷　隺林玉露一卷　雲谿友議一卷

弓第二十二

後山談叢一卷　林下偶談一卷　緗素雜記一卷　捫蝨新話一卷　研北雜志一卷　清波雜志一卷　壺中贅錄一卷　物類相感志一卷

弓第二十三

因話錄一卷　同話錄一卷　五色線一卷

五摠志一卷　金楼子一卷　乾𦠆子一卷

投荒雜録一卷　炙轂子録一卷　抒情録一
卷　啟顔録一卷　絶倒録一卷　唾玉集一
卷　辨疑志一卷　開誠録一卷　原化記一
卷　蠡海録一卷　澄懷録一卷
弓第二十四
王氏談録一卷　先公談録一卷　槁簡贅筆
一卷　傳講雜記一卷　繼古叢編一卷　南
窗記談一卷　後耳目志一卷　羣居解頤一
卷　雁門野説一卷　三柳軒雜識一卷　負
暄襍録一卷　中吳紀聞一卷　緯畧一卷

鈎玄一卷

弓第二十五

遯齋閒覽一卷　稗史一卷　志林一卷　因論一卷　晋聞○窮愁志一卷　席上腐談一卷　讀書隅見一卷　田間書一卷　巨鼇記一卷　判決錄一卷

弓第二十六

東園友聞一卷　劉馮事始一卷　西墅記談一卷　遺史紀聞一卷　姑蘇筆記一卷　南部新書一卷　龍城錄一卷　桂苑叢談一卷

義山雜記一卷　法苑珠林一卷　蒼梧雜志
一卷　青瑣高議一卷　秘閣閒話一卷　耕
餘博覽一卷
弓第二十七
雞肋編一卷　洎宅編一卷　吹劍録一卷
投轄録一卷　鑑戒録一卷　暇日記一卷
佩楚軒客談一卷　志雅堂雜鈔一卷　浩然
齋視聽鈔一卷　瑞桂堂暇録一卷　陵陽室
中語一卷　倚覺寮雜記一卷　昭德新編一
卷　山陵禖記一卷

弓第二十八

雞肋一卷　桯史一卷　雲谷雜記一卷　船窗夜話一卷　野人閒話一卷　植杖閒談一卷　東齋記事一卷　澹山襍識一卷　坦齋通編一卷　桃源手聽一卷　韋居聽輿一卷　仇池筆記一卷

弓第二十九

賜谷漫錄一卷　友會談叢一卷　野老記聞一卷　灌畦閒語一卷　澗泉日記一卷　步里客談一卷　雲齋廣錄一卷　續骫骳說一

卷　西齋話記一卷　雪舟脞語一卷　西軒
客談一卷　蒙齋筆談一卷　廬陵雜說一卷
昌黎襍說一卷　漁樵閒話一卷
弓第三十
游宦記聞一卷　行都紀事一卷　鄰幾襍誌
一卷　楓牕小牘二卷　湖湘故事一卷
弓第三十一
誠齋襍記一卷　温公瑣語一卷　蔣氏日錄
一卷　剡溪野語一卷　釣磯立談一卷　盛
事美談一卷　衣冠盛事一卷　硯崗筆志一

卷　窓間記聞一卷　翰墨叢記一卷　備忘
小鈔一卷　艅艎日疏一卷　輶軒雜録一卷
獨醒雜志一卷　姚氏殘語一卷　有宋佳
話一卷　採蘭雜志一卷　嘉蓮燕語一卷
戊辰雜抄一卷　真率筆記一卷　芸窓私志
一卷　致虚雜俎一卷　内觀日疏一卷　漂
粟手牘一卷　奚囊橘柚一卷　玄池說林一
卷　賈氏說林一卷　然藜餘筆一卷　荻樓
雜抄一卷　客退記談一卷　下帷短牒一卷
下黄私記一卷

弓第三十二

娜嬛記一卷　宣室志一卷　傳載一卷　傳

載畧一卷　瀟湘錄一卷　野雪鍛排襍說一

卷　可目記一卷　樹萱錄一卷　善謔集一

卷　紹歸錄一卷　視聽抄一卷　卻掃編一

卷　開顏集一卷　雞跖集一卷　葆化錄一

卷　聞見錄一卷　洽聞記一卷　閒談錄一

卷　解醒語一卷　延漏錄一卷　三餘帖一

卷　北山錄一卷　玉匣記一卷　潛居錄一

卷

弓第三十三

西溪叢話一卷　倦遊雜録一卷　虚谷閒抄一卷　玉照新志六卷　方氏筆記一卷　復齋閒記一卷　醉翁寱語一卷　錦里新聞一卷

弓第三十四

清尊録一卷　昨夢録一卷　就日録一卷

漫笑録一卷　軒渠録一卷　拊掌録一卷

諧噱録一卷　咸定録一卷　天定録一卷

調謔編一卷　諱名録一卷　艾子雜説一卷

弓第三十五

摭言一卷　諧史一卷　可談一卷　話腴一卷　談藪一卷　談淵一卷　談撰一卷

弓第三十六

尚書故實一卷　次柳氏舊聞一卷　隨唐嘉話一卷　賓客嘉話一卷　賓朋宴語一卷　廣政雜錄一卷　家塾雜記一卷　劉氏新語一卷　法藏碎金錄一卷

弓第三十七

春渚記聞一卷　曲洧舊聞一卷　茅亭客話

一卷　避戎嘉話一卷　閒燕常談一卷　儒
林公議一卷　賈氏談錄一卷　燈下閒談一
卷　鞠堂野史一卷　退齋筆錄一卷　皇朝
類苑一卷　珩璜新論一卷
弓第三十八
白獺髓一卷　清夜錄一卷　貴耳錄一卷
碧雲騢一卷　異聞記一卷　芝田錄一卷
避亂錄一卷　嗒囈錄一卷　畫閑錄一卷
弓第三十九
揮麈錄一卷　揮麈餘話一卷　避暑漫鈔一

卷　南唐舊事一卷　洞微志一卷　該聞錄
一卷　從駕記一卷　東巡記一卷　青溪寇
軌一卷　英藩可錄一卷　江表志一卷
弓第四十
歸田錄二卷　嬾真子錄一卷　陶朱新錄一
卷　東皐雜錄一卷　東軒筆錄一卷　山房
隨筆一卷　北山記事一卷　石室新語一卷
十友瑣說一卷
弓第四十一
春明退朝錄三卷　澠水燕談錄一卷　愼府

卌　香嚴書屋

燕閒錄一卷　老學菴筆記一卷　老學菴續
筆記一卷　蓼花洲閒錄一卷　秀水閒居錄
一卷　元和辨謗錄一卷　汴水滔天錄一卷
甘陵伐叛記一卷
　弓第四十二
創業起居注三卷　乾淳起居注一卷　御塞
行程一卷　熙豐日曆一卷　建炎日曆一卷
牛羊日曆一卷　中興小曆一卷　唐年補錄
一卷　河洛春秋一卷　咸鎬故事一卷　建
隆遺事一卷　金科玉律一卷　嘉祐驛令一

卷

弓第四十三

東觀奏記三卷　國老談苑二卷　明道雜志

一卷　續明道雜志一卷　東宮新記一卷

東都事畧一卷　符朝禨錄一卷　桂堂編

事一卷

弓第四十四

燕翼貽謀錄五卷　玉堂逢辰錄一卷　宜春

傳信錄一卷　洛陽縉紳舊聞記一卷　小說

舊聞記一卷　兩朝獻替記一卷　建中河朔

記一卷　淮海亂離記一卷　廣陵妖亂志一
卷　順昌破敵録一卷　巳酉航海記一卷
天祚承歸記一卷
弓第四十五
玉堂𥙿記三卷　玉壺清話一卷　道山清話
一卷　家世舊聞一卷　錢氏私誌一卷　潞
公私記一卷　汚南故事一卷　彭門紀亂一
卷　家王故事一卷　桐陰舊話一卷
弓第四十六
北夢瑣言一卷　杜陽雜編三卷　金華子雜

編一卷　玉泉子真錄一卷　松窗雜記一卷
南楚新聞一卷　中朝故事一卷　戎幕閑談
一卷　商芸小說一卷　封氏聞見記一卷
景龍文館記一卷　鄴洛鼎峙記一卷　渤海
行軍記一卷
弓第四十七
行營雜錄一卷　江行雜錄一卷　聞見雜錄
一卷　養痾漫筆一卷　文昌雜錄一卷　遂
昌雜錄一卷　宣政雜錄一卷　古杭雜錄一
卷　錢唐遺事一卷　默記一卷

弓第四十八

朝野僉載一卷　唐國史補一卷　唐闕史一卷　唐語林一卷　大唐新語一卷　大唐奇事一卷　三聖記一卷　先友記一卷　懷舊記一卷　賓佐記一卷　皮子世錄一卷　盧氏雜說一卷　零陵總記一卷　玉堂閒話一卷

弓第四十九

四朝聞見錄一卷　三朝聖政錄一卷　會昌解頤錄一卷　洛中紀異錄一卷　廣州市舶

録一卷　鐵圍山叢談一卷　相學齋雜鈔一
卷　金鑾密記一卷　常侍言旨一卷　朝野
僉言一卷　大中遺事一卷　西朝寶訓一卷
涑水紀聞一卷　蜀道征討比事一卷　大事
記七卷　三朝野史一卷

号第五十

甲申雜記一卷　隨手雜録一卷　聞見近録
一卷　續聞見近録一卷　南遊記舊一卷
燕北雜記一卷　山居新語一卷　家世近事
一卷

弓第五十一

卓異記一卷　翰林志一卷　翰續翰林志一卷

翰林壁記一卷　御史臺記一卷　上庠録一

卷　鳳池曆　唐科名記一卷　五代登科記

一卷　趍朝事類一卷　紹熙行禮記一卷

上壽拜舞記一卷　封禪儀記一卷　明禮儀

註一卷　婚雜儀註一卷　朝會儀記一卷

稽古定制一卷

弓第五十二

明皇十七事一卷　開天遺事一卷　開天傳

信記一卷　幽閒鼓吹一卷　摭異記一卷
平蔡録一卷　平剡録一卷　奉天録一卷
青唐録一卷　南歸録一卷　愧郯録一卷
痛定録一卷　嘗膽録一卷　新城録一卷
弓第五十三
南渡宮禁典儀一卷　乾淳御教記一卷　燕
射記一卷　唱名記一卷　天基聖節樂次一
卷　乾淳教坊樂部一卷　官本雜劇段數一
卷　幸張府節畧一卷　藝流供奉志一卷
弓第五十四

晋史乘一卷　楚史檮杌一卷　蜀檮杌一卷
幸蜀記一卷　五代新説一卷　三楚新録一
卷　江南野録一卷
弓第五十五
金志一卷　遼志一卷　松漠紀聞一卷　雞
林類事一卷　虜廷事實一卷　夷俗考一卷
北風揚沙録一卷　乾道奉使録一卷　宣和
使金録一卷　接伴送語録一卷　北狩野史
一卷
弓第五十六

蒙韃備錄一卷　北邊錄一卷　北轅錄一卷

西使記一卷　使高麗錄一卷　天南行記一

卷　高昌行記一卷　陷虜記一卷

弓第五十七

聖賢羣輔錄一卷　漢末英雄記一卷　真靈

位業圖一卷　淝上英雄小錄一卷　蓮社高

賢傳一卷　古今高士傳一卷　正始名士傳

一卷　幕府故吏傳一卷

弓第五十八

汝南先賢傳一卷　陳留耆舊傳一卷　會稽

先賢傳一卷　益都耆舊傳一卷　楚國先賢
傳一卷　襄陽耆舊傳一卷　長沙耆舊傳一
卷　零陵先賢傳一卷　閩川名士傳一卷
西州後賢志一卷　文士傳一卷　列女傳一
卷　梓潼士女志一卷　漢中士女志一傳
孝子傳一卷　幼童傳一卷　高道傳一卷
高隐傳一卷　方外志一卷　逸人傳一卷
列仙傳一卷　神仙傳一卷　續神仙傳一卷
集仙傳一卷　江淮異人錄一卷

弓第五十九

漢官儀一卷　獻帝春秋一卷　玄晏春秋一

卷　九州春秋一卷　帝王春秋一卷　魏晋

世語一卷　東宫舊事一卷　元嘉起居注一

卷　大業拾遺録一卷　建康宫殿簿一卷

山公啟事一卷　八王故事一卷　陸機要覧

一卷　桓譚新論一卷　譙周法訓一卷　裴

啓語林一卷　虞喜志林一卷　魏臺訪議一

卷　魏春秋一卷　齊春秋一卷　晋陽秋一

卷　續晋陽秋一卷　晋中興書一卷　宋拾

遺録一卷　會稽典録一卷　三國典畧一卷

建康實録一卷　三輔决録一卷　鄴中記一
卷　吴録一卷
弓第六十
靈憲注一卷　玉曆通政經一卷　徐整長曆
一卷　孫氏瑞應圖一卷　玉符瑞圖一卷
地鏡圖一卷　五行記一卷　玄中記一卷
發蒙記一卷　决疑要注一卷　在窮記一卷
河東記一卷　鶴林志一卷　湘山録一卷
九國志一卷　九域志一卷　十道志一卷
十三洲記一卷　太平寰宇記一卷　風土記

一卷　神境記一卷　西征記一卷　三輔黄

圖二卷　三輔故事一卷　西都雜記一卷

太康地記一卷　燉煌新録一卷　扶南土俗

一卷　武林市肆記一卷

弖第六十一

三秦記一卷　長安志一卷　關中記一卷

洛陽記一卷　梁州記一卷　梁京寺記一卷

宜都記一卷　益州記一卷　荆州記一卷

湘中記一卷　武陵記一卷　濮南記一卷

南雍州記一卷　安城記一卷　南康記一卷

潯陽記一卷　鄱陽記一卷　九江志一卷

丹陽記一卷　會稽記一卷　永嘉郡記一卷

三齊畧記一卷　南越志一卷一廣州記一卷

廣志一卷　番禺雜記一卷　始興記一卷

林邑記一卷　涼州記一卷　交州記一卷

沙州記一卷

　　右第六十二

雲南志畧一卷　遼東志畧一卷　桂海虞衡

志一卷　岳陽風土記一卷　真臘風土記一

卷　陳留風俗傳一卷　成都古今記一卷

臨海風土記一卷　臨海異物志一卷

弓第六十三

吳地記一卷　遊城南注一卷　北户雜錄一

卷　湖山勝槩一卷

弓第六十四

入越記一卷　吳郡録一卷　廬山録二卷

九華録二卷　金華録一卷　大嶽志一卷

弓第六十五

来南録一卷　入蜀記一卷　攬轡録一卷

驂鸞録一卷　吳船録一卷　汎舟録一卷

乾道奏事録一卷　河源志一卷　于役志一
卷　峽程記一卷　南遷録一卷　東軺録一
卷　述異記一卷
弓第六十六
佛國記一卷　神異經一卷　拾遺名山記一
卷　海内十洲記一卷　洞天福地記一卷
述異記一卷　西京雜記一卷　南部煙花記
一卷
弓第六十七
豫章古今記一卷　睦州古蹟記一卷　南海

古蹟記一卷　甬東山水記一卷　洛陽伽藍
記一卷　京洛寺塔記一卷　益部方物記一
卷　嶺表錄異記一卷　溪蠻叢笑一卷　函
潼關要注一卷　故都宮殿記一卷
弓第六十六
東京夢華錄一卷　古杭夢遊錄一卷　錢塘
瑣記一卷　六朝事迹一卷　汴故宮記一卷
汴都平康記一卷　東京艮嶽記一卷　洛陽
名園記一卷　吳興園林記一卷　廬山草堂
一卷　終南艸堂十志一卷　平泉山居雜記

一卷　平泉山居草木記

弓第六十九

歲華紀麗譜一卷　荊楚歲時記一卷　乾淳歲時記一卷　輦下歲時記一卷　秦中歲時記一卷　玉燭寶典一卷　四明月令一卷　千金月令一卷　四時寶鏡一卷　歲時雜記一卷　歲華紀麗四卷　影燈記一卷

弓第七十

晝簾緒論一卷　官箴一卷　政經一卷　忠經一卷　女孝經一卷　女論語一卷　女誡

一卷　厚德録一卷　省心録一卷

弓第七十一

涑水家儀一卷　顔氏家訓一卷　石林家訓

一卷　陸氏緒訓一卷　藴氏族譜一卷　訓

俗書一卷　訓俗齋規一卷　吕氏鄉約一卷

義莊規矩一卷　袁氏世範一卷　鄭氏家範

一卷

弓第七十二

前定録一卷　續前定録一卷　還寃記一卷

報應記一卷　妬記一卷

弓第七十三

袪疑說一卷　辨惑論一卷　善誘文一卷

樂善録一卷　東谷所見一卷

弓第七十四

山家清供一卷　山家清事一卷　忘懷録一

卷　登涉符録一卷　卧遊録一卷　對雨編

一卷　農家諺一卷

弓第七十五

經鉏堂雜志一卷　吴下田家志一卷　天隐

子養生書一卷　保生要録一卷　保生月録

一卷　攝生要録一卷　齊民要術一卷　林
下清録一卷　蘭亭集一卷　輞川集一卷
洛陽耆英會一卷　洛中九老會一卷
弓第七十六
錦帶書一卷　耕禄藁一卷　水族加恩簿一
卷　禪本草一卷　義山雜纂一卷　雜纂續
一卷　雜纂二續一卷
弓第七十七
小名録一卷　侍兒小名録温　侍兒小名録温
侍兒小名録洪　侍兒小名録張　釵小志一卷

粧樓記一卷　粧臺記一卷　靚粧録一卷
髻鬟品一卷
弓第七十八
織錦璇璣圖一卷　北里志一卷　教坊記一
卷　青樓集一卷　麗情集一卷
弓第七十九
文則一卷　文録一卷　詩品三卷　詩式一
卷　詩譜一卷　二十四詩品一卷　詩談一
卷　詩論一卷　詩病五事一卷　杜詩箋一
卷

弓第八十
風騷旨格一卷　韻語陽秋一卷　藝苑雌黄
一卷　譚苑醍醐一卷　竹林詩評一卷　謝
氏詩源一卷　潛溪詩眼一卷　本事詩一卷
續本事詩一卷
弓第八十一
碧溪詩話一卷　環溪詩話一卷　東坡詩話
一卷　西清詩話一卷　艇齋詩話一卷　梅
澗詩話一卷　後村詩話一卷　漫叟詩話一
卷　桐江詩話一卷　蘭莊詩話一卷　迂齋

の十二　香嚴書屋

詩話一卷　金玉詩話一卷　漢臯詩話一卷
陳輔之詩話一卷　敖器之詩話一卷　潘子
真詩話一卷　青瑣詩話一卷　玄散詩話一
卷

弓第八十二

六十居士詩話一卷　司馬温公詩話一卷
貢父詩話一卷　後山詩話一卷　許彦周詩
話一卷

弓第八十三

滄浪詩話一卷　珊瑚鉤詩話三卷　石林詩

詩三卷　烏臺詩案一卷　南宮詩話一卷

弓第八十四

庚溪詩話一卷　紫微詩話一卷　竹坡詩詩
一卷　臨漢隱居詩話一卷　苕溪漁隱叢話
一卷　歲寒堂詩話一卷　娛書堂詩話一卷
二老堂詩話一卷　比紅兒詩話一卷　林下
詩談一卷　詩話雋永一卷　詩詞餘話一卷
詞品一卷　詞旨一卷　詞評一卷　四六餘
話一卷　賦門餘鑰一卷　月泉吟社一卷

弓第八十五

佩觿三卷　干祿字書一卷　金壺字考一卷
俗書證誤一卷　字書誤讀一卷　字格一卷
字林一卷　六書攷一卷　字母圖一卷　字
始連環一卷
右第八十六
六義圖解一卷　筆勢論畧一卷　筆陣圖一
卷　筆髓論一卷　二十四詩品　五十六書
法一卷　九品書一卷　書品優劣一卷　續
書品一卷　書評一卷　論篆一卷　永陽筆
訣一卷　顏公筆法一卷　四體書勢一卷

法書苑一卷　衍極一卷
号第八十七
書譜一卷　續書譜一卷　書斷四卷　書品
一卷　書評一卷　後書品一卷　能書録一
卷
号第八十八
書史二卷　海岳名言　翰墨志一卷　思陵
書畫記一卷　歐公試筆一卷
号第八十九
寶章待訪録一卷　法帖譜系一卷　法帖刊

誤廿卷黄法帖刊誤劉卷劉　法帖釋文一卷

蘭亭博義一卷　集古録一卷

弓第九十

古畫品録一卷　後畫品録一卷　益州名画

録一卷　名畫記一卷　名畫獵精一卷　采

畫録一卷　廣畫録一卷

弓第九十一

公私畫史一卷　林泉高致一卷　畫論一卷

紀藝一卷　畫梅譜一卷　畫竹譜一卷　墨

竹譜一卷　畫學秘訣一卷

弓第九十二
畫史一卷　畫品一卷　畫鑒一卷　畫論一
卷
弓第九十三
茶經一卷　茶録一卷　試茶録一卷　大觀
茶論一卷　北苑茶録一卷　北苑别録一卷
品茶要録一卷　本朝茶法一卷　煎茶水記
一卷　十六湯品一卷　述煮茶小品一卷
採茶録一卷　鬬茶記一卷　茶山節對一卷
弓第九十四

酒譜一卷　北山酒經一卷　續北山酒經一

卷　酒經一卷　蘓酒經朱卷朱　酒孝經一卷　觴

甘露經一卷　小酒令一卷　觥律一卷　觴

政述一卷　醉鄉日月一卷　貞元飲畧一卷

飲戲助歡一卷　罰爵典故一卷　熙寧酒課

一卷　新豐酒法一卷　酒乘一卷　觥記注

一卷　麴本草一卷　酒爾雅一卷　酒小史

一卷　酒名記一卷　茗酪記一卷

右第九十四

食譜一卷　食經一卷　食疏一卷　食珍錄

一卷　膳夫録一卷　玉食批一卷　食時五
觀一卷　糖霜譜一卷　中饋録一卷　刀劍
録一卷　洞天清録一卷
弓第九十六
硯史一卷　硯譜一卷　李硯譜一卷　蕉端溪
硯譜一卷　歙州硯譜一卷　歙硯說一卷
辨歙石說一卷　雲林石譜一卷　漁陽石譜
一卷　宣和石譜一卷
弓第九十七
吴氏印譜一卷　學古編一卷　傳國璽譜一

卷　玉璽譜一卷　相貝經一卷　相手版經
一卷　帶格一卷　三罷圖義一卷　寶記一
卷　三代鼎器錄一卷　鼎錄一卷　錢譜一
卷　錢志一卷　古鑑記一卷

号第九十八

香譜一卷　名香譜一卷　漢宮香方一卷
香嚴三昧一卷　墨經一卷　墨記一卷　筆
經一卷　蜀牋譜一卷　蜀錦譜一卷　故物
記一卷

号第九十九

古玉圖攷一卷　文房圖賛一卷　文房圖賛

續一卷　燕几圖一卷

弓第一百

琴曲譜録一卷　雅琴名録一卷　琴聲經緯

一卷　琴箋圖式一卷　雜書琹事一卷　古

琴疏一卷　樂府解題一卷　驃國樂頌一卷

唐樂曲譜一卷　籟記嘯旨一卷　漁歌記一

卷　觱篥格一卷　柘枝譜一卷　管弦記一

卷　採蓮舞譜一卷　衛鼓吹格一卷　樂府

雜録一卷

弓第一百一

尢射一卷　射經一卷　九射格一卷　本射

圖一卷　騎馬都格一卷　馬䩭譜一卷　投

壺儀節一卷　投壺新格一卷　投壺新律一

卷　投壺經一卷　丸經二卷　打毬儀一卷

打馬圖一卷　㒟金葉子格一卷　譜雙一卷

弓第一百二

除紅譜一卷　醉綠圖一卷　骰子選格一卷

樗蒲經演一卷　樗蒲志一卷　漢官彩選一

卷　進士彩選一卷　博塞經一卷　小博經

一卷　藝經一卷　五木經一卷　彈棊經一
卷　儒棋格一卷　促卧甕人格一卷　奕棋
經一卷　棋經一卷　棋手勢一卷　棋品一
卷　天監棋品一卷　圍棋義例一卷　古局象
棋圖一卷　象棋格一卷　琵琶錄一卷　羯
鼓錄一卷　阮咸譜一卷

弓第一百三

金漳蘭譜一卷　王氏蘭譜一卷　菊譜一卷
范菊譜一卷劉菊譜一卷史海棠譜一卷　海
棠詩譜二〇卷

一号第一百四

洛阳牡丹记一卷　欧洛阳牡丹记一卷　周陈州

牡丹记一卷　天彭牡丹记一卷　越中牡丹

记一卷　牡丹荣辱志一卷　扬州芍药谱一

卷　梅谱一卷　梅品一卷　花经一卷　花

九锡一卷　花目录一卷　洛阳花木记一卷

魏王花木志一卷　吴中花品一卷　楚辞芳

草谱一卷　南方草木状三卷　园林草木疏

一卷

号第一百五

桐譜一卷 竹譜一卷 續竹譜一卷 筍譜
二〇卷 荔枝譜一卷 橘錄三〇卷 打棗譜一
卷 靈芝譜一卷 禾譜一卷 漆經一卷
弓第一百六
菌譜一卷 蔬食譜一卷 野菜譜一卷、茹
草紀事一卷 藥譜一卷 藥錄一卷 何首
烏錄一卷 彰明附子記一卷 種樹書一卷
弓第一百七
禽經一卷 內攫部一卷 麟書一卷 蠶經
一卷 蠶書一卷 養魚經一卷 漁具詠一

卷　相鶴經一卷　相鵠經一卷　相牛經一

卷　論駝經一卷　獬豸記一卷　相馬書一

卷　蠶譜二〇卷　蟫史一卷　禽獸決錄一卷

解鳥語經一卷

弓第一百八

握奇經一卷　周髀算經一卷　望氣經一卷

星經二〇卷　相雨經一卷　水衡記一卷　峽

舟志一卷　水經二〇卷

弓第一百九

太乙經一卷　趣世經一卷　宅經一卷　木

經一卷　農書一卷　耒耜經一卷　耕織圖
一卷　褚氏遺書一卷　脈經一卷　子午經
一卷　房中經一卷　相地骨經一卷　相兒
經一卷　龜經一卷　卜記一卷　莫龜論一
卷　百怪斷經一卷　土牛經一卷　牛欄經
一卷　漏刻經一卷　竈經一卷　長短經一
卷　感應經一卷　感應類從志　夢書一
卷　術數紀遺一卷
　弓第一百十
漢雜事秘辛一卷　大業雜記一卷　大業拾

遺記一卷　元氏掖庭記　焚椒録一卷　開
河記一卷　迷樓記一卷　海山記一卷
弓第一百十一
東方朔傳一卷　漢武帝内傳一卷　趙飛燕
外傳一卷　飛燕遺事一卷　趙后遺事一卷
楊太眞外傳二卷　梅妃傳一卷　長恨歌傳
一卷　高力士傳一卷
弓第一百十二
緑珠傳一卷　非烟傳一卷　謝小娥傳一卷
霍小玉傳一卷　劉無雙傳一卷　虬髯客傳

一卷　韓仙傳一卷　神僧傳一卷　劍俠傳一卷

弓第一百十三

穆天子傳一卷　鄴侯外傳一卷　同昌公主傳一卷　梁四公記一卷　林靈素傳一卷　希夷先生傳一卷　梁清傳一卷　西王母傳一卷　魏夫人傳一卷　杜蘭香傳一卷　麻姑傳一卷　白猿傳一卷　柳毅傳一卷　李林甫外傳一卷　汧國夫人傳一卷　靈鬼志一卷　才鬼記一卷

弓第一百十四

太清樓侍宴記一卷　延福宫曲宴記一卷

保和殿曲宴記一卷　周秦行記一卷　東城

老父傳一卷　西臺慟哭記一卷　東陽夜怪

錄一卷　宴通記一卷　冥音錄一卷　三夢

記一卷　古鏡記一卷　錦裾記一卷　妍神

記一卷

弓第一百十五

甘澤謡一卷　夢遊錄一卷　博異志一卷

集異記一卷　齊諧記一卷　續齊諧記一卷

春夢録一卷　會真記一卷

右第一百十六

諾臯記一卷　金剛經鳩異一卷　集異志一卷　括異志一卷張　括異志一卷魯

右第一百十七

異聞實録一卷　靈異小録一卷　異苑一卷

幽明録一卷　續幽明録一卷　搜神記一卷

搜神後記一卷　稽神録一卷　賢異録一卷

幽怪録一卷牛　幽怪録一卷王　續幽怪録一卷李

窮怪録一卷　玄怪録一卷　續玄怪録一卷

志怪錄一卷陸 志怪錄一卷祖 吉凶影響錄一

卷 靈應錄一卷 閒奇錄一卷

弓第一百十八

錄異記一卷 纂異記一卷 采異記一卷

乘異記一卷 廣異記一卷 獨異志一卷

甄異記一卷 祖異記一卷 祥異記一卷

近異錄一卷 旌異記一卷 冥祥記一卷

集靈記一卷 太清記一卷 妖化錄一卷

宣驗記一卷 睽車志一卷郭 睽車志一卷歐

鬼國記一卷 鬼國續記一卷 壠上記一卷

物異考一卷

弓第一百十九

雲仙雜記十卷

弓第一百二十

清異錄四卷

說郛續

弓第一

正學編一卷　聖學範圍圖說一卷　元圖大

衍一卷　周易稽疑一卷　周易會占一卷

立春考證一卷　讀史訂疑一卷　書傳正誤

一卷　莊子闕誤一卷　廣莊一卷
弓第二
草木子一卷　豢龍子一卷　覲微子一卷
海樵子一卷　沆瀣子抄一卷　郁離子微一
一卷　潛溪邃言一卷　蘿山雜言一卷　何
子雜言一卷　華州卮辭一卷　青岩叢録一
卷　廣成子解一卷　空同子一卷　續志林
一卷
弓第三
冥影契一卷　宵鍊匣一卷　玄機通一卷

求志編一卷　從政錄一卷　遒狗編一卷
海涵萬象錄一卷　補衍一卷　機警一卷
蠶衣一卷　筆疇一卷　古言一卷　燕書一
卷　庸書一卷　松窗寤言一卷　後渠漫錄
一卷　仰子遺語一卷　蒙泉雜言一卷　槎
菴燕語一卷　容臺隨筆一卷
弓第四
未齋雜言一卷　南山素言一卷　類博雜言
一卷　思玄庸言一卷　東田辠言一卷　侯
城雜識一卷　西原約言一卷　凝齋筆語一

卷　方山紀述一卷　經世要談一卷　儼山

纂録一卷　奇子雜言一卷　拘虛晤言一卷

文昌旅語一卷　雞鳴偶記一卷　讀書筆記

一卷　汲古叢語一卷　病榻寤言一卷　清

暑筆談一卷

弓第五

遵聞録一卷　賢識録一卷　在田録一卷

逐鹿記一卷　龍起雜事一卷　龍興慈記一

卷　聖君初政記一卷　一統肇基録一卷

東朝記一卷　椒宫舊事一卷　復辟録一卷

保孤記一卷　秘録一卷
弓第六
明良録畧一卷　明良記一卷　明臣十節一
卷　造邦賢勲録一卷　備遺録一卷　明輔
起家考一卷　掾曹名臣録一卷　殉身録一
卷　致身録一卷
弓第七
翊運録一卷　遜國記一卷　革除遺事一卷
擁絮迂談一卷　天順目録一卷　九朝野記
一卷　玉池談屑一卷　嵩陽雜識一卷　洛

香嚴書屋

溪雜識一卷　郊外農談一卷　治城客論一
卷　西皐襍記一卷　滄江野史一卷　澤山
雜記一卷　沂陽日記一卷　海上紀聞一卷
孤樹裒談一卷　西墅襍記一卷
弓第八
藩獻記一卷　琬琰錄一卷　瑣綴錄一卷
代醉編一卷　明興襍記一卷　水東紀畧一
玉壺遺覽一卷　良常仙系記一卷　賜遊西
苑記一卷　延休堂漫錄一卷　濯纓亭筆記
一卷

弓第九

錦衣志一卷　馬政志一卷　異越通一卷

邊紀畧一卷　制府雜録一卷　繫闈漫記一

卷　征藩功次一卷　兵符節制一卷　十家

牌法一卷　保民訓要一卷

弓第十

倫倭事畧一卷　北虜紀畧一卷　雲中事紀

一卷　南廵日録一卷　北還録一卷　北史

録一卷　西征記一卷　北征龜一卷　北征

後録一卷　北征事蹟一卷

弓第十一

平夏録一卷　平夷録一卷　平定交南録一卷　撫安東夷記一卷　哈密國王記一卷　滇南慟哭記一卷　渤泥入貢記一卷　琉球使畧一卷　日本寄語一卷　朝鮮紀事一卷　建州女直考一卷　夷俗記二卷

弓第十二

丕泰録一卷　遇恩録一卷　彭公筆記一卷　翦勝野聞一卷　庭聞述畧一卷　今言一卷　觚不觚録一卷　金臺紀聞一卷　玉堂漫筆

一卷　今雨瑤華一卷　復齋日記一卷　西
堂日記一卷
弓第十三
皇明盛事一卷　雙槐䄍抄一卷　後渠雜識
一卷　古穰雜錄一卷　震澤紀聞一卷　菽
園䄍記一卷　革野纂聞一卷　駒陰冗記一
卷　客座新聞一卷　枝山前聞一卷　尊俎
餘功一卷　漱石閒談一卷　平江記事一卷
弓第十四
南翁夢錄一卷　公餘日錄一卷　中州野錄

一卷　三餘贅錄一卷　懸笥瑣採一卷　蘇
談一卷　吳中故語一卷　庚巳編一卷　續
巳編一卷　長安客話一卷　快雪堂漫錄一
卷　雲夢　溪談一卷　閒雁齋筆談一卷
鬱岡齋筆麈一卷

弓第十五

胡氏雜說一卷　劉氏雜說一卷　丹鉛雜錄
一卷　書肆說鈴一卷　田居乙記一卷　碧
里雜存一卷　聽雨紀談一卷　宦遊紀聞一
卷　炎徼紀聞一卷　意見一卷　識小編一

卷　語言談一卷　子元案垢一卷　潮讖新
話一卷

弓第十六

西樵野記一卷　甲乙剩言一卷　寒檠膚見
一卷　語窺今古一卷　諭蒭録一卷　新知
録一卷　涉異志一卷　前定録補一卷　維
園鉛槧一卷　攬茝微言一卷　墨池浪語一
卷　雪濤談叢一卷　春雨雜述一卷　世説
舊注一卷

弓第十七

簷曝偶談一卷　病逸漫記一卷　蜩笑偶言
一卷　東谷贅言一卷　蓬軒別記一卷　蓬
窗續錄一卷　瑯琊漫抄一卷　高坡異纂一
卷　水南翰記一卷　藜牀瀋餘一卷　霏雪
錄一卷　巳瘧編一卷　夢餘錄一卷　祐山
雜說一卷　江漢叢談一卷　投甕隨筆一卷
洗硯新錄一卷　丑庄日記一卷　輟築記一
卷

弓第十八

雙溪雜記一卷　二酉委譚一卷　窺天外乘

一卷　百可漫志一卷　近峯聞畧一卷　近

峯記畧一卷　寓圃雜記一卷　青溪暇筆一

卷　方洲襍録一卷　遼邸記聞一卷　究委

餘編一卷　谿山餘話一卷　委巷叢談一卷

無用閒談一卷

弓第十九

適旃瑣言一卷　井觀瑣言一卷　林泉隨筆

一卷　推蓬寤語一卷　讕言長語一卷　震

澤長語一卷　桑榆漫志一卷　延州筆記一

卷　戒菴漫筆一卷　暖姝由筆一卷　農田

餘話一卷　雨航雜録一卷　馬氏日抄一卷
菊坡叢語一卷　玄亭涉筆一卷　野航史話
一卷　西峯淡語一卷　大賓辱語一卷　枹
璞簡記一卷
弓第二十
寶櫝記一卷　脚氣集一卷　望崖録一卷
燕閒録一卷　閒中今古録一卷　緑雪亭雜
言一卷　春風堂隨筆一卷　雲蕉館紀談一
卷　蒹葭堂襍抄一卷　鳳皇臺紀事一卷
願豐堂漫書一卷　天爵堂筆餘一卷　乾貞

堂壁疏一卷　譚輅一卷　戲掇一卷　麈餘
一卷　談剩一卷
弓第二十一
雲林遺事一卷　比事摘録一卷　蟫箋䂳筆
一卷　病榻手欥一卷　枕談一卷　羣碎録
一卷　記事珠一卷　俗呼小録一卷　名公
像記一卷　傷逝記一卷
弓第二十二
景仰撮書一卷　仰山脞録一卷　見聞紀訓
一卷　先進遺風一卷　畜德録一卷　新倩

籍一卷　國寶新編一卷　金石契一卷　西

泖譜一卷

弓第二十三

見世說一卷　香案牘一卷　女俠傳一卷

貧世鑠二〇卷

弓第二十四

客越記一卷　雨航記一卷　明月篇一卷

荆溪疏一卷　閩部疏一卷　入蜀紀見一卷

黄山六頌一卷

弓第二十五

瀛厓勝覽一卷　海槎餘録一卷　吴中勝記

一卷　泉南雜記一卷　南陸志一卷　貴陽

山泉志一卷　雲南山川志一卷　金陵紀畧

一卷

弓第二十六

廬陽客記一卷　居山雜記一卷　武夷雜記

一卷　太湖泉志一卷　半塘小志一卷　諸

寺奇物記一卷　西干十寺記　西浮籍一卷

楚小志一卷　朔雪北征記一卷　烏龍夜談

記一卷　邊堠紀行一卷　滇行紀畧一卷

香嚴書屋　七二

銀山鐵壁漫談一卷　台蕩路程一卷　榕城
隨筆一卷　西吴枝乘一卷　禮白嶽記一卷
弓第二十七
居家制用一卷　清齋位置一卷　彙米清課
一卷　巖棲幽事一卷　林水録一卷　山棲
志一卷　玉壺氷一卷
弓第二十八
帝京景物畧一卷　熙朝樂事一卷　賞心樂
事一卷　吴社編一卷　競渡畧一卷　清閑
供一卷　林下盟一卷　田家歷一卷　古今

諺一卷　畫舫約一卷　南陔六舟記一卷

宛陵二水評一卷

弓第二十九

明經會約一卷　讀書社約一卷　林間社約一卷　勝蓮社約一卷　生日會約一卷　月會約一卷　紅雲社約一卷　紅雲續約一卷　浣俗約一卷　運泉約一卷　霞外雜俎一卷　韋弦佩一卷　禪門夲草譜一卷　蘓氏家語一卷　韻史一卷

弓第三十

陰符經解一卷　胎息經疏一卷　析骨分經
一卷　醫先一卷　葬度一卷　農說友論一
卷　田家五行一卷　居家宜忌一卷　放生
辯惑一卷
弓第三十一
長者言一卷　清言一卷　續清言一卷　歸
有園麈談一卷　木几冗談一卷　偶談一卷
玉笑零音一卷　寓林清言一卷　狂言紀一
卷
弓第三十二

切韻一卷　射標一卷　發音錄一卷　讀書
十六觀一卷　文章九命一卷　九歌譜一卷
歌學譜一卷　三百篇聲譜一卷　陽關三疊
圖譜一卷
旬第三十三
談藝錄一卷　杌園擷餘一卷　詩文浪談一
卷　歸田詩話一卷　南濠詩話一卷　蓉塘
詩話一卷　太末詩話一卷　蜀中詩話一卷
渚山堂詩話一卷　懷麓堂詩話一卷　夷白
齋詩話一卷　存餘堂詩話　娛書堂詩話一

卷　升庵詞譜一卷

弓第三十四

千里面談一卷　詩家直説一卷　詩談一卷

香宇詩談一卷　西園詩麈一卷　雪濤詩譯

一卷　閨秀詩評一卷　閒書杜律一卷　樂

府指迷一卷　墨池瑣録一卷　篆法辨疑一

卷

弓第三十五

書畫史一卷　書畫金湯一卷　論畫瑣言一

卷　丹青志一卷　繪妙一卷　画麈一卷

畫說一卷　畫禪一卷　竹派一卷

弓第三十六

射經一卷　鄉射直節一卷　名劍記一卷

玉名詁一卷　古奇器錄一卷　紙箋譜一卷

箋譜銘一卷　十友圖贊一卷　古今印史一

卷　硯史一卷

弓第三十七

水品一卷　煮泉小品一卷　茶譜一卷　茶

錄一卷　茶疏一卷　茶箋一卷　茶解一卷

羅岕茶記一卷　岕茶箋一卷　茶寮記一卷

煎茶七類一卷　焚香七要一卷

弓第三十八

觴政一卷　文字飲一卷　醉鄉律令一卷　小酒令一卷　奕問一卷　奕旦評一卷　奕律一卷　詩牌譜一卷　宣和牌譜一卷　壺矢銘一卷　朝京打馬格一卷　彩選百官一卷

弓第三十九

頴譜一卷　六博譜一卷　兼三圖一卷　數錢葉譜一卷　楚騷品一卷　嘉賓心會一卷

葉子譜一卷　續葉子譜一卷　運掌經一卷

馬吊牌經一卷　拇陣譜一卷

弓第四十

瓶史一卷　瓶花譜一卷　瓶史月表一卷

花歷一卷　花小名一卷　學圃餘疏一卷

菊圃同春一卷　種老柳議一卷　草花譜一

卷　牡丹八書一卷　牡丹表一卷

弓第四十一

荔枝譜一卷徐　荔枝譜一卷宋　荔枝譜一卷曹

記荔枝一卷　廣菌譜一卷　種芋法一卷

野菜箋一卷　野蔌品一卷

弓第四十二

雚經一卷　獸經一卷　虎苑一卷　名馬記一卷　促織志一卷　表促織志一卷　劉海味索隐一卷　魚品一卷

弓第四十三

冥寥子游一卷　廣寒殿記一卷　洞簫記一卷　周顛仙人傳一卷　一瓢道人傳一卷　醉叟傳一卷　拙效傳一卷　李公子傳一卷　楊幽妍别傳一卷　阿寄傳一卷　義虎傳一

卷　倉庚傳一卷　煑茶夢記一卷　西玄青
鳥記一卷
弓第四十四
女紅餘志一卷　燕都妓品一卷　蓮臺仙會
品一卷　廣陵女士殿最一卷　秦淮士女表
一卷　曲中志一卷　金陵妓品一卷　秦淮
劇品一卷　曲艷品一卷　後艷品一卷　續
艷品一卷　劇評一卷
弓第四十五
艾子後語一卷　雪濤小說一卷　應諧錄一

卷　笑禪錄一卷　談言一卷　權子一卷

雜纂三續一卷

弓第四十六

猥談一卷　異林一卷　語怪一卷　幽怪錄

一卷

以上說郛一百二十弓說郛續四十六弓共

一百六十六卷

綿　荆川稗編一百二十卷　明唐順之纂　六十冊　四兩

抄白　方輿紀要一百三十卷　附輿地圖十二卷　本朝顧祖禹　七十冊　四十兩

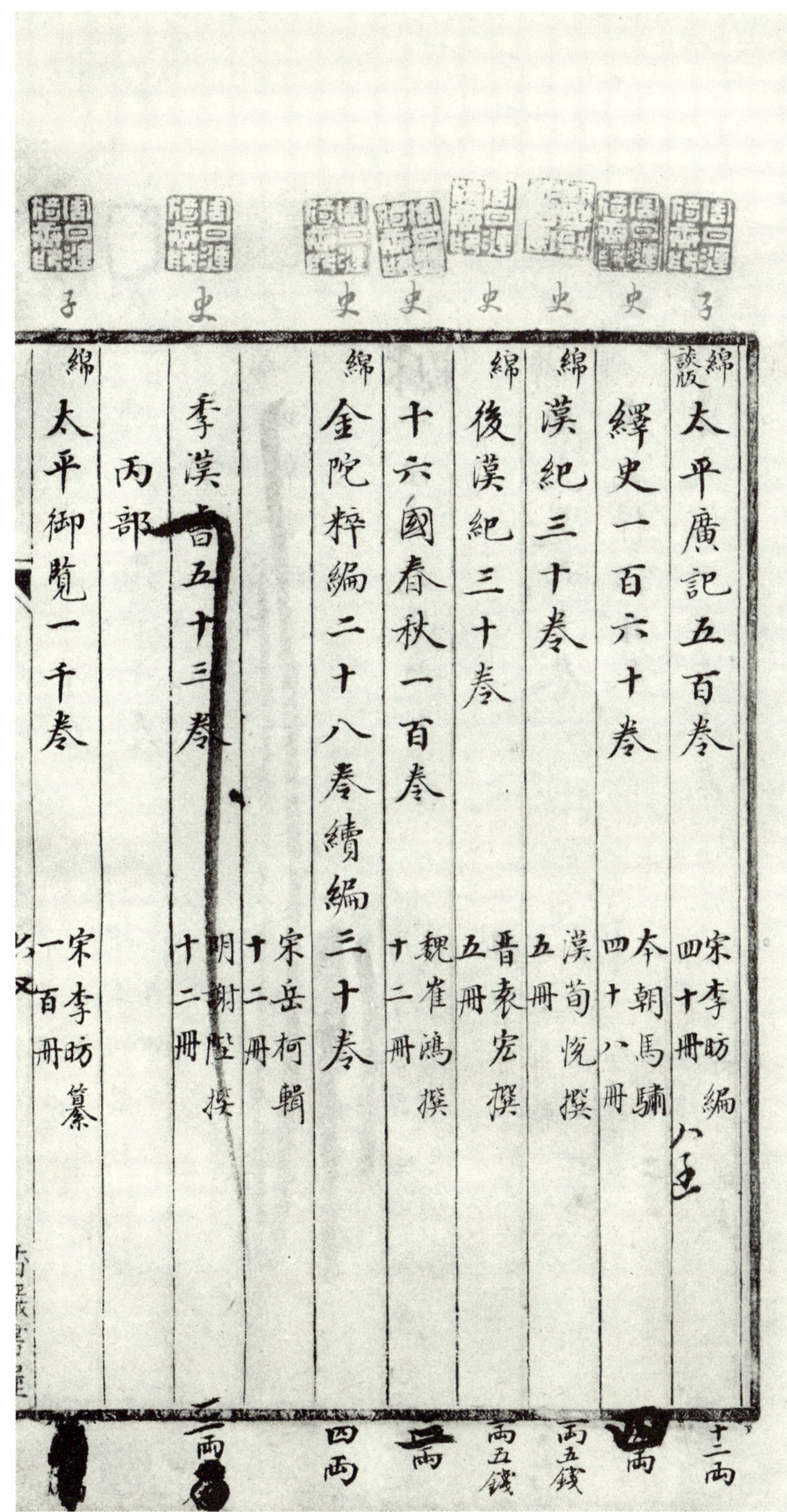

子　綿　談版　太平廣記五百卷　宋李昉編　四十冊　十二兩

史　繹史一百六十卷　本朝馬驌　四十八冊　四兩

史　綿　漢紀三十卷　漢荀悅撰　五冊　一兩五錢

史　綿　後漢紀三十卷　晉袁宏撰　五冊　一兩五錢

史　十六國春秋一百卷　魏崔鴻撰　十二冊　二兩

史　綿　金陀粹編二十八卷續編三十卷　宋岳柯輯　十二冊　四兩

史　季漢書五十三卷　明謝陛撰　十二冊　二兩

丙部

子　綿　太平御覽一千卷　宋李昉纂　一百冊

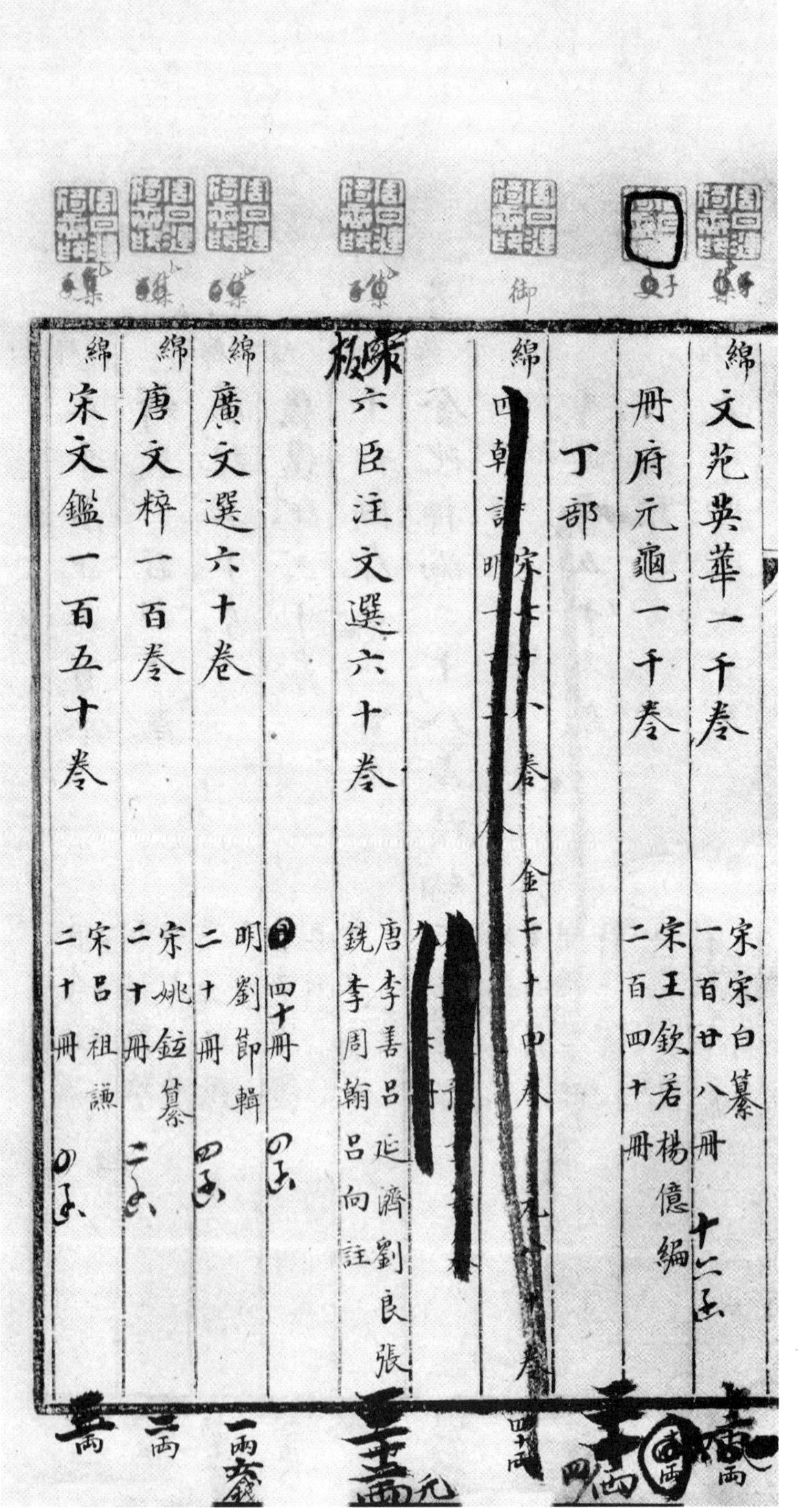

綿 文苑英華一千卷 宋白纂 一百廿八冊

冊府元龜一千卷 宋王欽若楊億編 二百四十冊

丁部

宋板 六臣注文選六十卷 唐李善呂延濟劉良張銑李周翰呂向註 四十冊

綿 廣文選六十卷 明劉節輯 二十冊

綿 唐文粹一百卷 宋姚鉉纂 二十冊

綿 宋文鑑一百五十卷 宋呂祖謙 二十冊

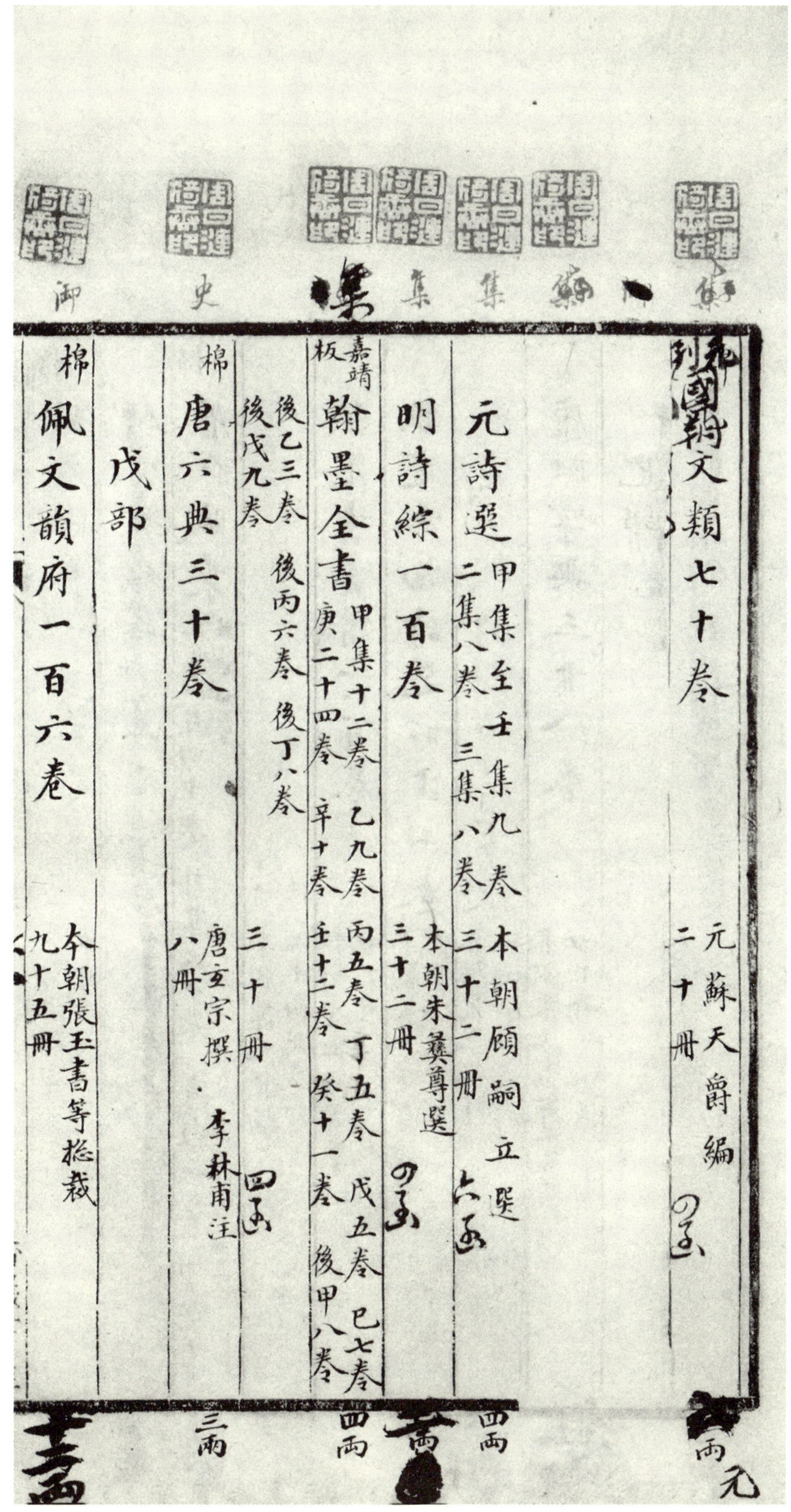

元國朝文類七十卷 元蘇天爵編 二十冊

元詩選 甲集至壬集九卷 二集八卷 三集八卷 本朝顧嗣立選 三十二冊

明詩綜一百卷 本朝朱彝尊選 三十二冊

嘉靖板 翰墨全書 甲集十二卷 乙九卷 丙五卷 丁五卷 戊五卷 己七卷 庚二十四卷 辛十卷 壬十二卷 癸十一卷 後甲八卷 後乙三卷 後丙六卷 後丁八卷 後戊九卷 三十冊

棉 唐六典三十卷 唐玄宗撰 李林甫注 八冊

戊部

棉 佩文韻府一百六卷 本朝張玉書等總裁 九十五冊

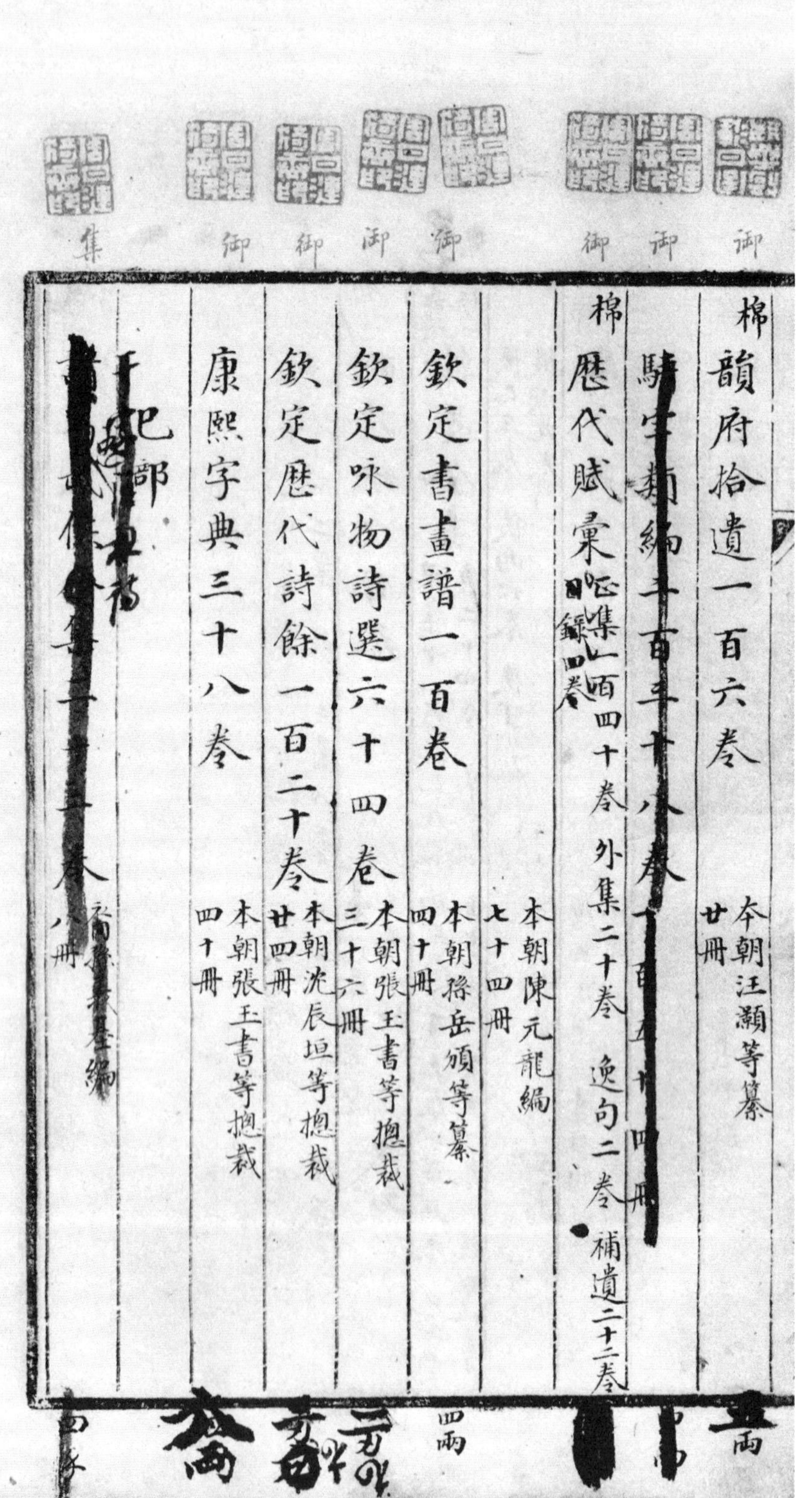
御 棉韻府拾遺一百六卷 本朝汪灝等纂 廿冊

騈字類編二百四十卷 一百廿四冊

御 棉歷代賦彙正集一百四十卷 外集二十卷 逸句二卷 補遺二十二卷 目錄四卷 本朝陳元龍編 七十四冊

御 欽定書畫譜一百卷 本朝孫岳頒等纂 四十冊

御 欽定詠物詩選六十四卷 本朝張玉書等摠裁 三十六冊

御 欽定歷代詩餘一百二十卷 本朝沈辰垣等摠裁 廿四冊

康熙字典三十八卷 本朝張玉書等摠裁 四十冊

集部 [illegible] 八冊

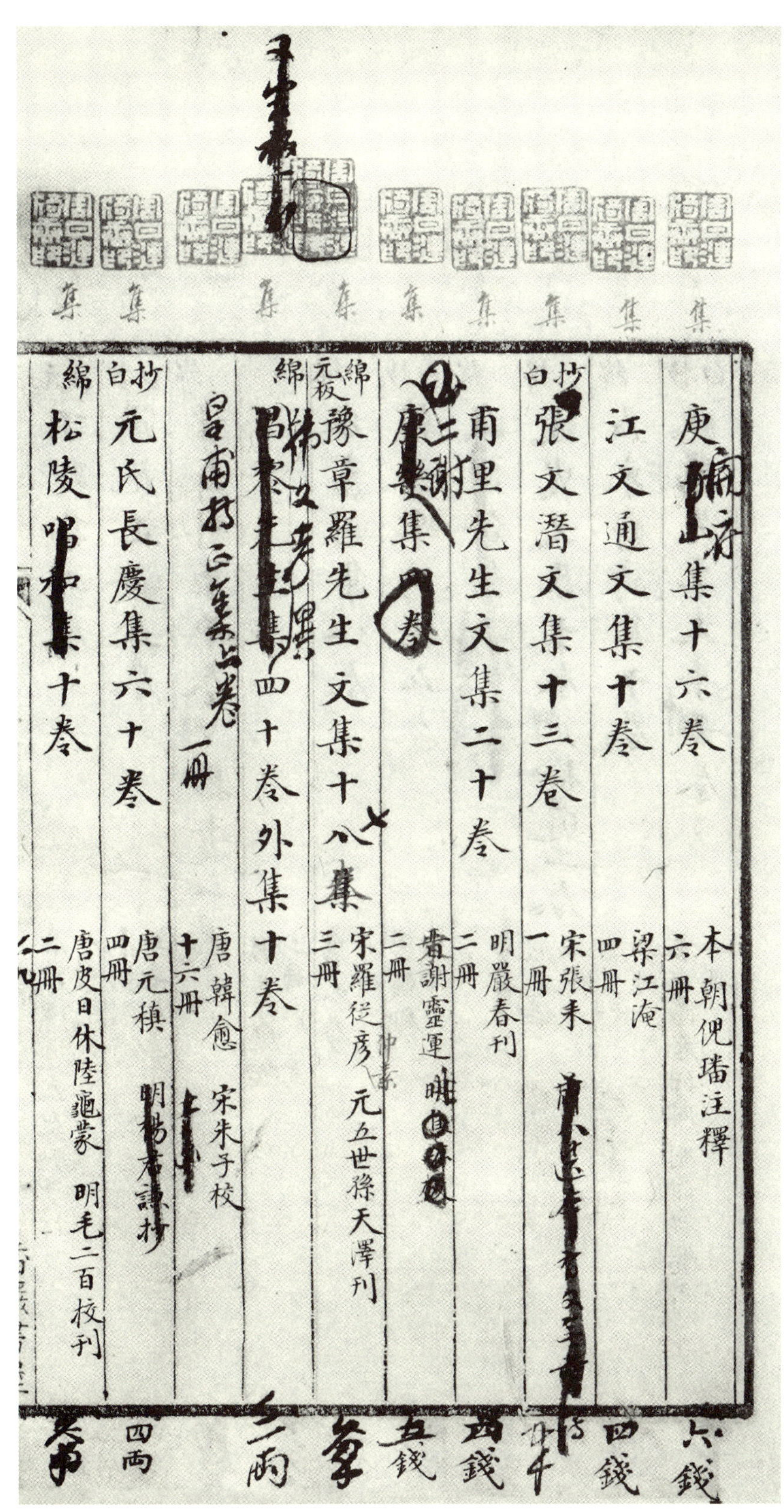

庾開府集十六卷　本朝倪璠注釋　六册　六錢

江文通文集十卷　梁江淹　四册　四錢

抄白　張文潛文集十三卷　宋張耒　一册

甫里先生文集二十卷　明嚴春刊　二册

謝康樂集四卷　晋謝靈運　二册　五錢

綿　元板　豫章羅先生文集十八卷　宋羅從彥　元五世孫天澤刊　三册

綿　昌黎先生集四十卷外集十卷　唐韓愈　宋朱子校　十六册　三兩

皇甫持正集六卷　一册

抄白　元氏長慶集六十卷　唐元稹　明楊君謙抄　四册　四兩

綿　松陵唱和集十卷　唐皮日休陸龜蒙　明毛二百校刊　二册

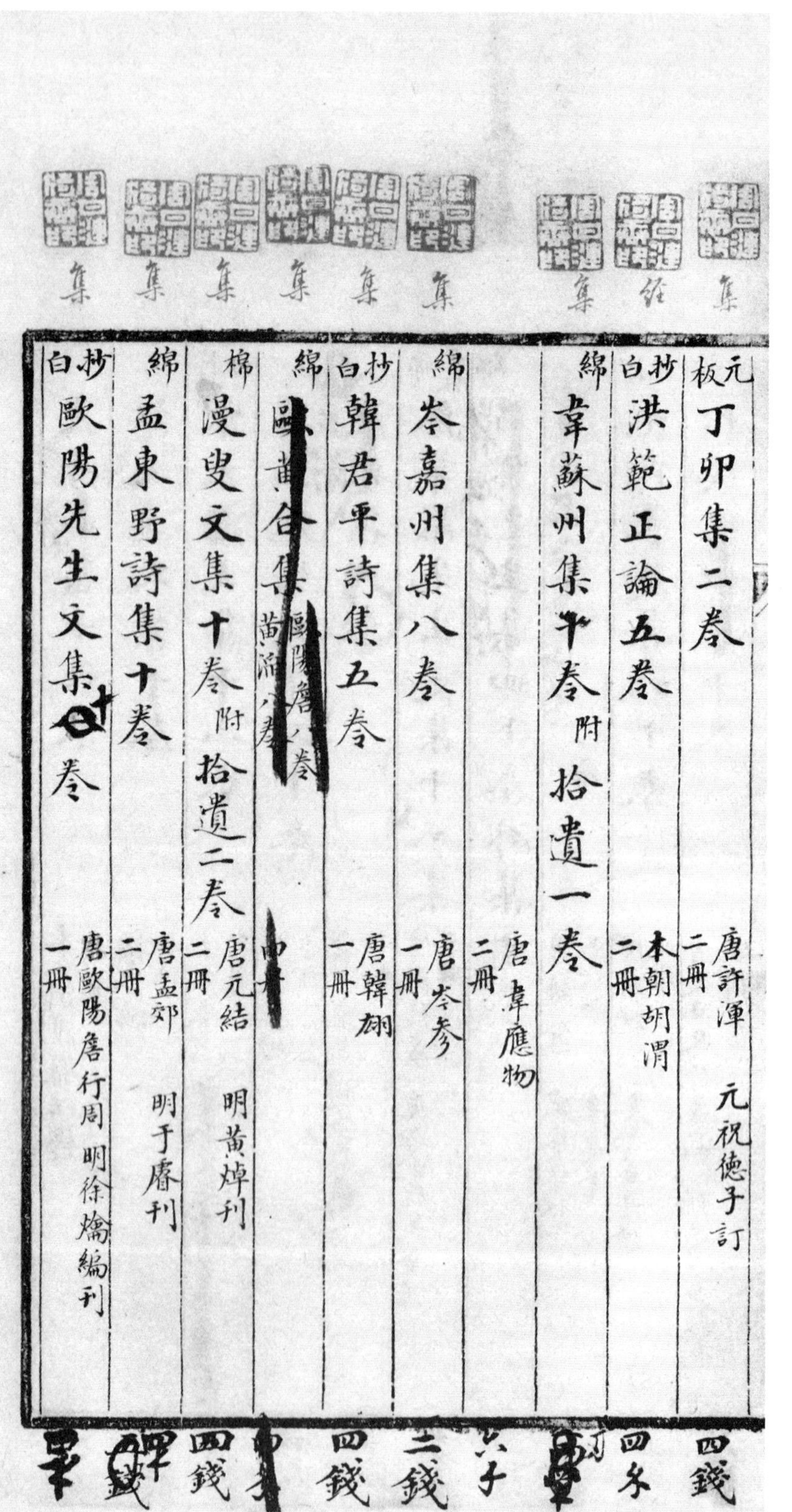

元板丁卯集二卷　唐許渾　元祝德子訂　二冊

抄白洪範正論五卷　本朝胡渭　二冊

綿韋蘇州集十卷附拾遺一卷　唐韋應物　二冊

綿岑嘉州集八卷　唐岑參　一冊

抄白韓君平詩集五卷　唐韓翃　一冊

綿歐黃合集　歐陽詹八卷　黃滔八卷

棉漫叟文集十卷附拾遺二卷　唐元結　明黄焯刊　二冊

綿孟東野詩集十卷　唐孟郊　明于膺刊　二冊

抄白歐陽先生文集十卷　唐歐陽詹行周　明徐㷔編刊　一冊

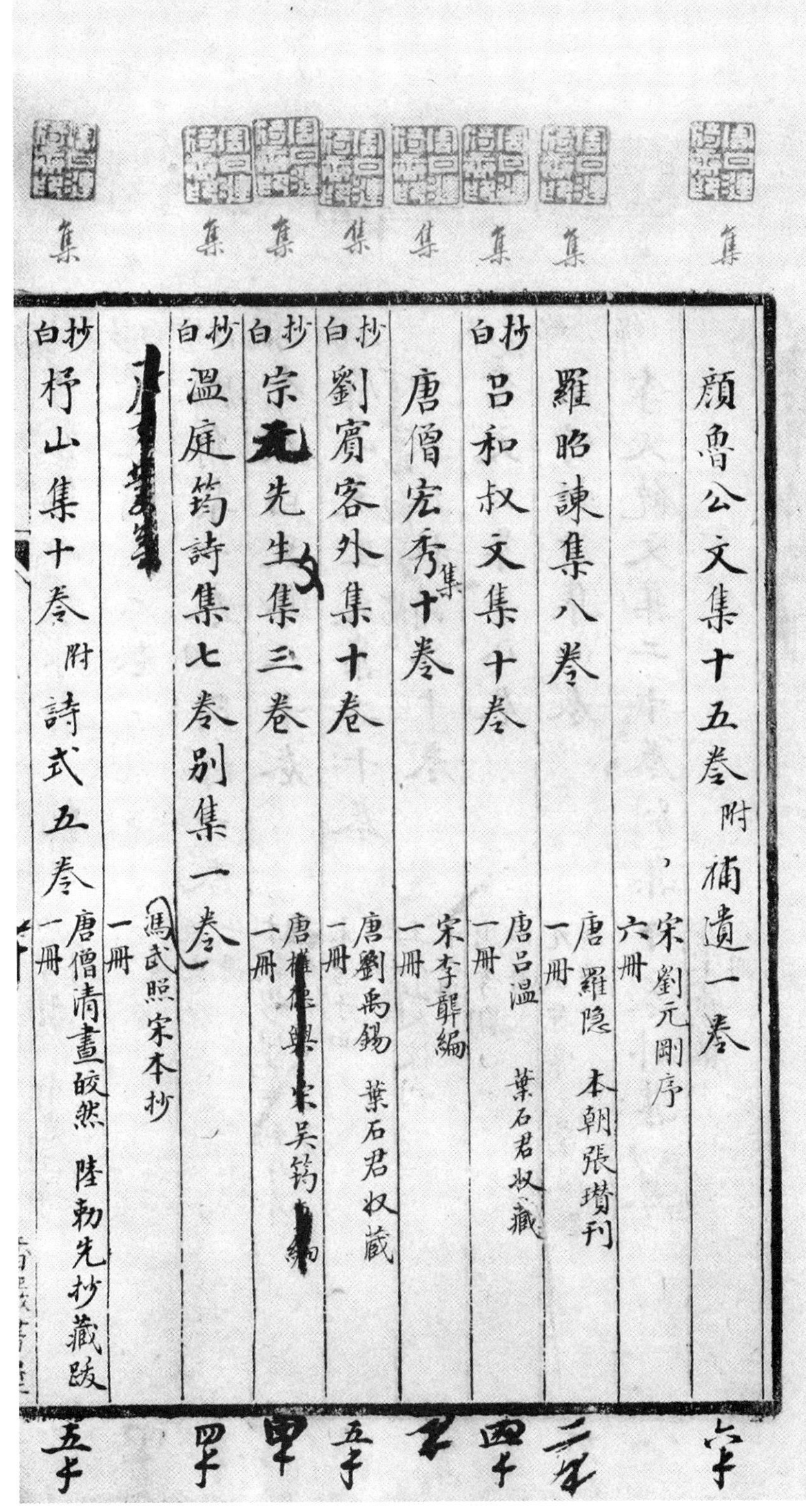

顏魯公文集十五卷附補遺一卷　宋劉元剛序　六册

羅昭諫集八卷　唐羅隱　本朝張瓚刊　一册

抄白　呂和叔文集十卷　唐呂溫　葉石君收藏　一册

唐僧宏秀集十卷　宋李龏編　一册

抄白　劉賓客外集十卷　唐劉禹錫　葉石君收藏　一册

抄白　宗元先生集三卷　唐權德輿　宋吳筠編　一册

抄白　溫庭筠詩集七卷別集一卷　馮武照宋本抄　一册

抄白　杼山集十卷附詩式五卷　唐僧清晝皎然　陸勅先抄藏跋　一册

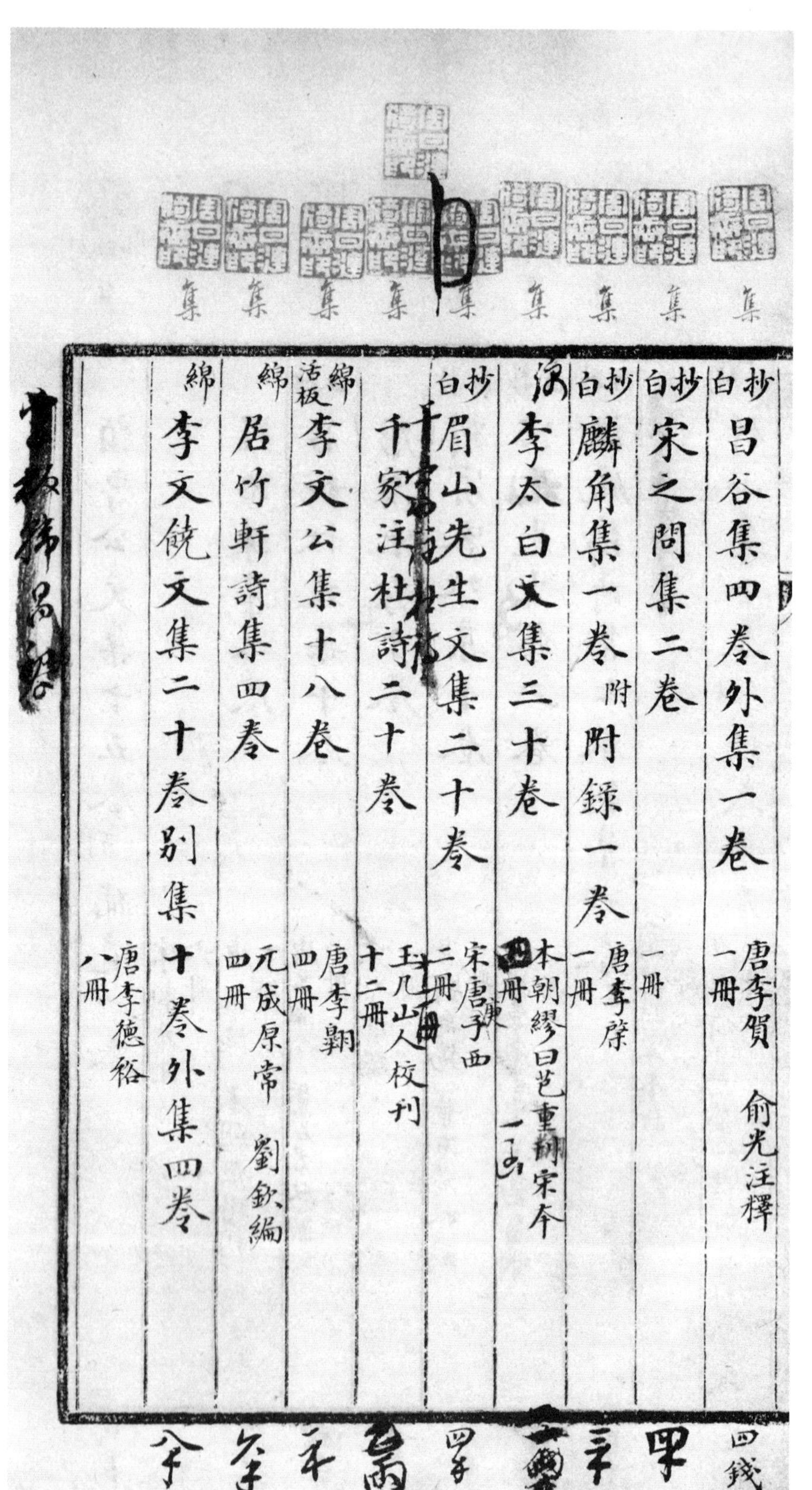
抄白 昌谷集四卷外集一卷 唐李賀 俞光注釋 一册

抄白 宋之問集二卷 一册

抄白 麟角集一卷附 附録一卷 唐李㬊 一册

李太白文集三十卷 本朝繆曰芑重刻宋本 四册

抄白 眉山先生文集二十卷 宋唐庚子西 二册

千家注杜詩二十卷 王凡山人校刊 十二册

綿活板 李文公集十八卷 唐李翱 四册

綿 居竹軒詩集四卷 元成原常 劉欽編 四册

綿 李文饒文集二十卷别集十卷外集四卷 唐李德裕 八册

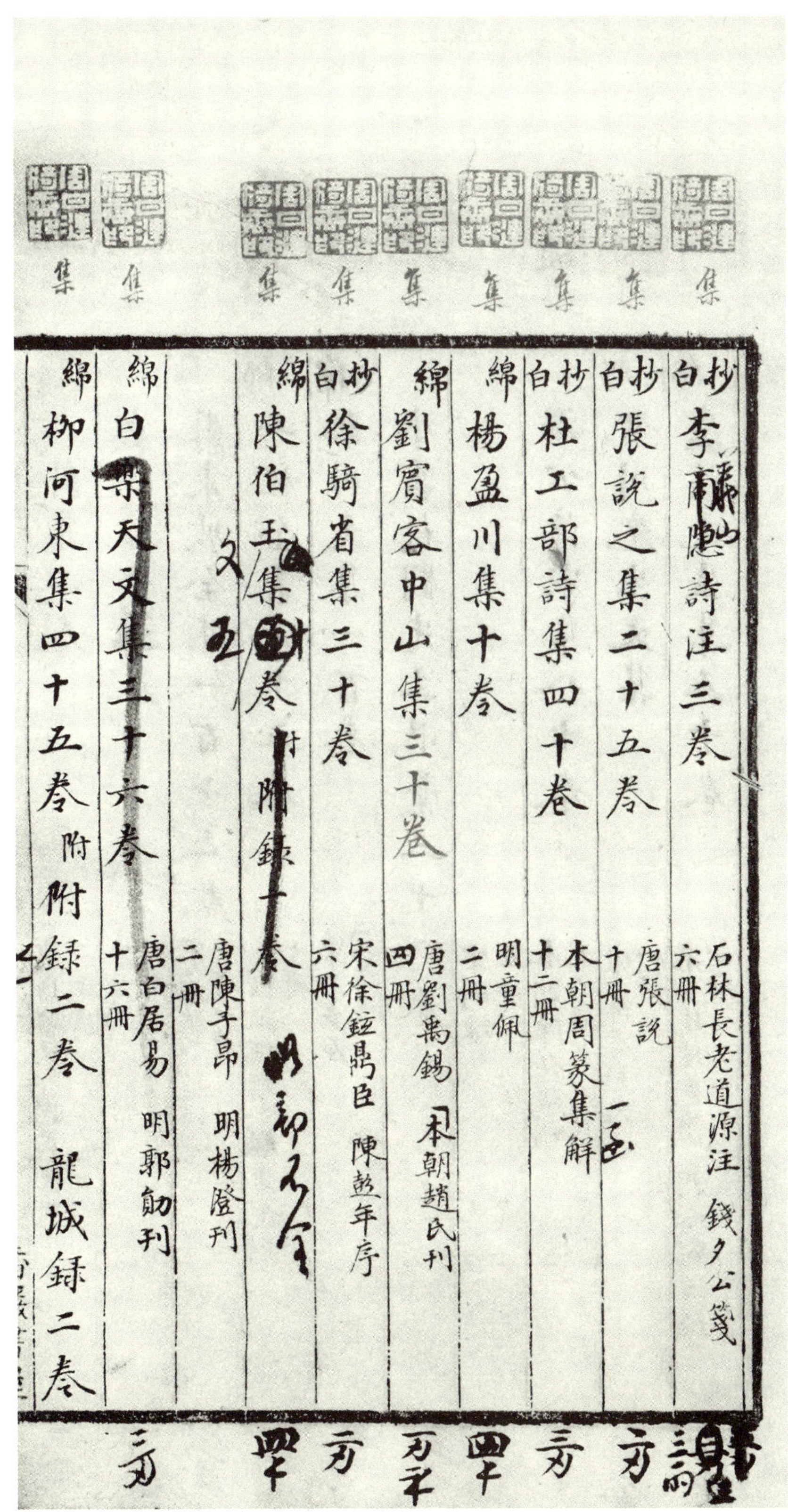

抄　李義山詩注三卷　石林長老道源注　錢夕公箋　六冊

抄　張說之集二十五卷　唐張說　十冊

白　杜工部詩集四十卷　本朝周篆集解　十二冊

白　楊盈川集十卷　明童佩　二冊

綿　劉賓客中山集三十卷　唐劉禹錫　本朝趙氏刊　四冊

抄　徐騎省集三十卷　宋徐鉉鼎臣　陳熟年序　六冊

綿　陳伯玉集□卷　附錄一卷　唐陳子昂　明楊澄刊　二冊

白　棨天文集三十六卷　唐白居易　明郭勛刊　十六冊

綿　柳河東集四十五卷　附錄二卷　龍城錄二卷

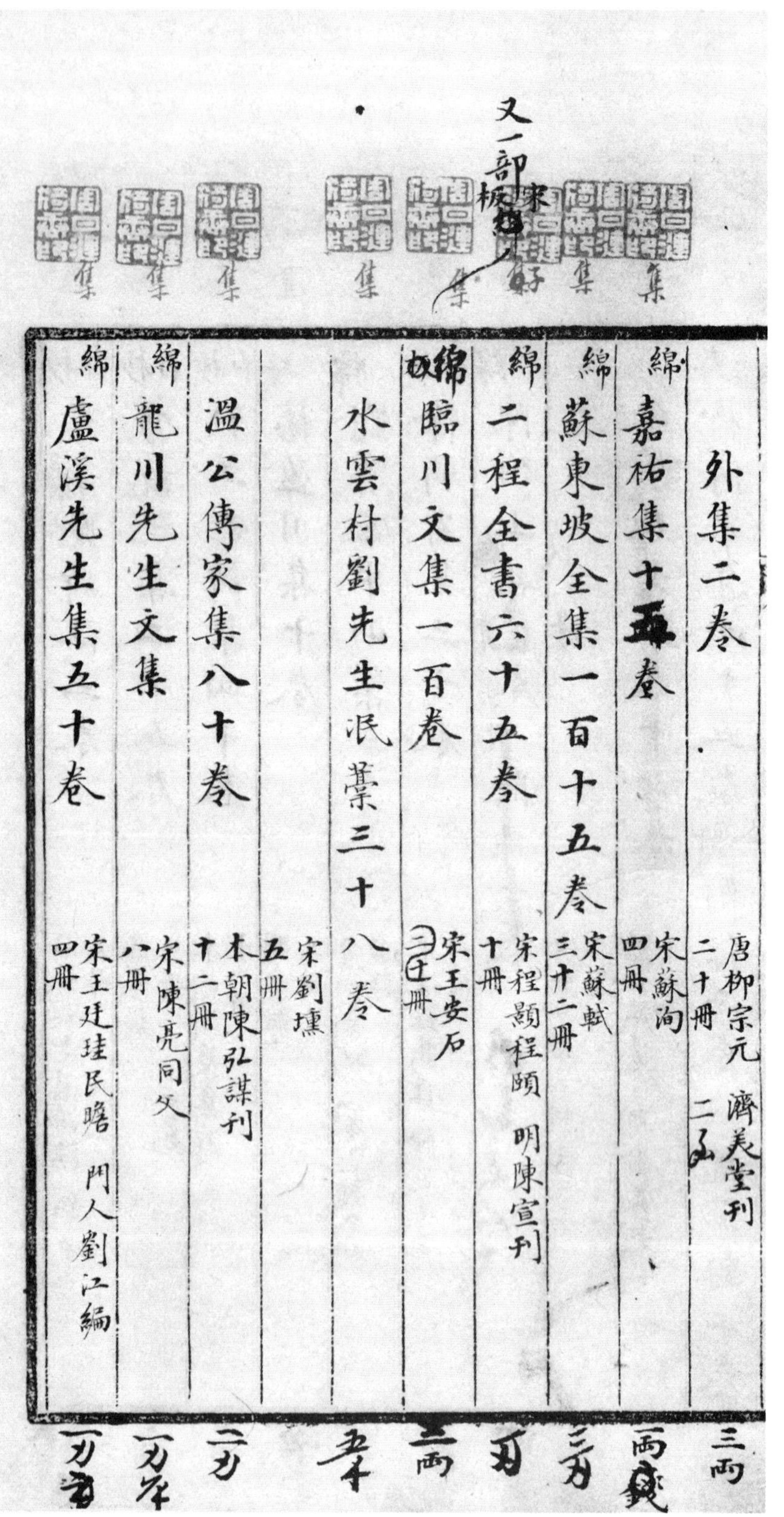

外集二卷 唐柳宗元 二十冊 濟美堂刊 二函 三兩

綿 嘉祐集十五卷 宋蘇洵 四冊 一兩

綿 蘇東坡全集一百十五卷 宋蘇軾 三十二冊 三兩

綿 二程全書六十五卷 宋程顥程頤 明陳宣刊 十冊

綿 臨川文集一百卷 宋王安石 三十冊 三兩

水雲村劉先生泯藁三十八卷 宋劉壎 五冊

溫公傳家集八十卷 本朝陳弘謀刊 十二冊 二兩

綿 龍川先生文集 宋陳亮同父 八冊 一兩

綿 盧溪先生集五十卷 宋王廷珪民瞻 門人劉江編 四冊 一兩

綿 梅溪先生廷試策奏議五卷 前集二十卷 後集二十九卷 宋王十朋 十册

宋板 范文正公集二十卷 别集四卷 宋范仲淹 八册

放翁文集五十卷 逸稿二卷 詩稿八十五卷 南唐書十八卷 家世舊聞 齋居紀事 宋陸游 毛晋刊 四十册

宋刊 東萊吕太史文集十五卷 宋吕祖謙 八册

元豐類稿五十卷 宋曾鞏 十二册

綿 江湖長翁集二十卷 宋陳造唐卿 六册

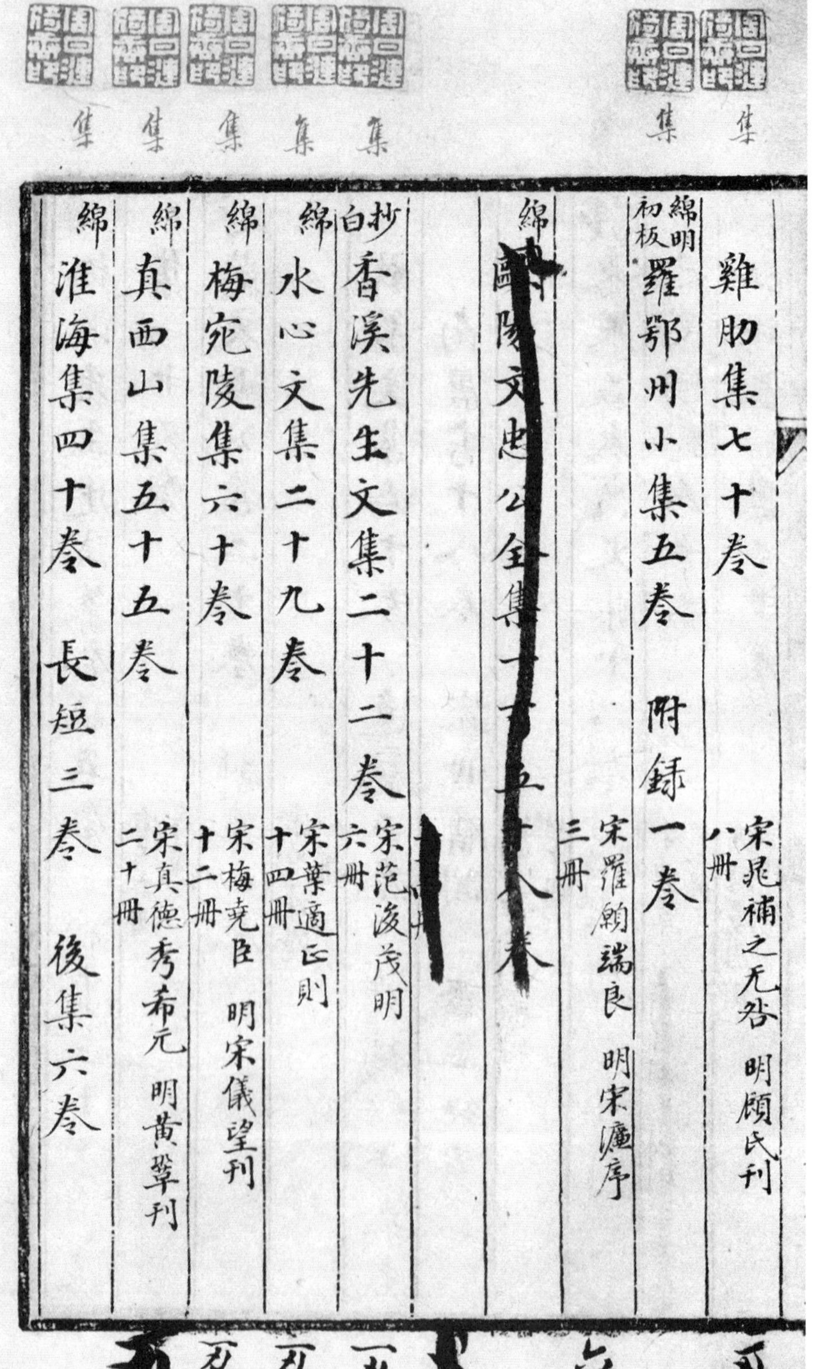

雞肋集七十卷　宋晁補之无咎　明顧氏刊　八册

綿明初板　羅鄂州小集五卷　附録一卷　宋羅願端良　明宋濂序　三册

綿　~~歐陽文忠公全集一百五十卷~~

抄白　香溪先生文集二十二卷　宋范浚茂明　六册

綿　水心文集二十九卷　宋葉適正則　十四册

綿　梅宛陵集六十卷　宋梅堯臣　明宋儀望刊　十二册

綿　真西山集五十五卷　宋真德秀希元　明黄鞏刊　二十册

綿　淮海集四十卷　長短三卷　後集六卷

綿笠澤叢書三卷　　宋秦觀少游　明胡民表刊
　　　　　　　　三冊

抄陳少章箚記　　唐陸龜蒙　本朝陳鍾輝刊
　　　　　　　　一冊

白抄梅宛陵集六十卷　　本朝陳景雲
　　　　　　　　一冊

白抄梅宛陵集六十卷　　宋梅克臣聖俞
　　　　　　　　十二冊

白抄梁溪先生文集一百八十卷　　宋李綱
　　　　　　　　廿四冊

　　　　　　　　十兩

歐陽文忠公集　居士集五十卷　外集二十五卷　易童子問三卷
　　外制集三卷　內制集八卷　四六集七卷　奏議十八卷
集古錄跋尾十卷　書簡十卷　附錄五卷　宋歐陽脩
雜著十九卷　　　　　　　六十冊
　　　　　　　　十四兩

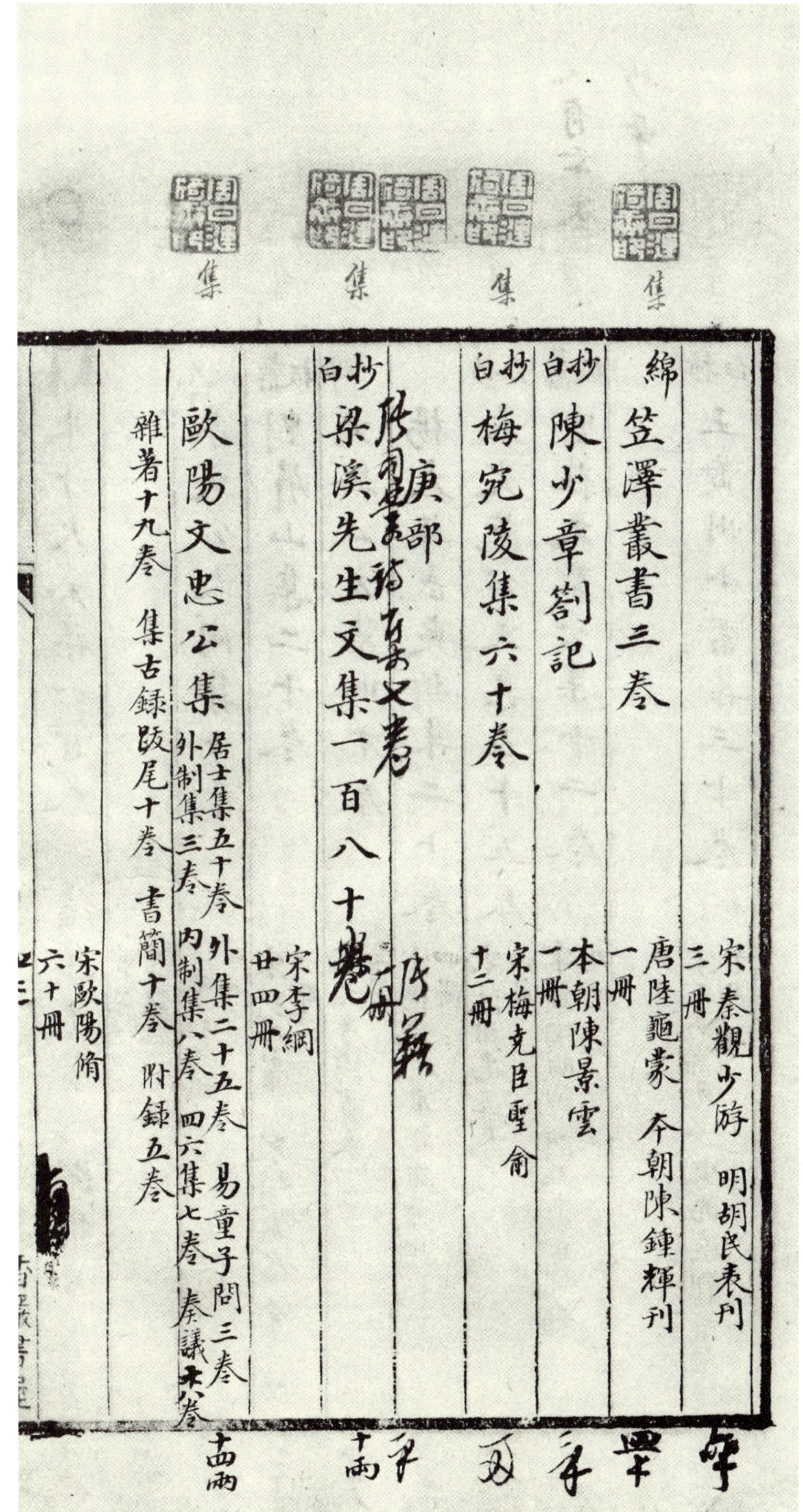

抄本　又有二十卷

集　集　集　集　集　集　集　集

元板　朱文公大同集十卷　陳利用編　一册

舊板　劉屏山集二十卷　宋劉子翬　宋胡憲序　朱子跋　一册

綿　文潞公文集四十卷　宋文彦博寬夫　四册

楊大年武夷新集二十卷　宋楊億　本朝陳瑋刊　四册

抄白　太史范公文集五十五卷　宋范祖禹淳夫　六册

舊板　雲莊文簡公集十二卷　宋劉爚晦伯　門人李丘册編　明李懋刊

四册

抄白　王黄州小畜集三十卷　宋王禹偁元之　宋沈虞卿序　十册

朱子大全集一百卷　續集十卷　别集七卷

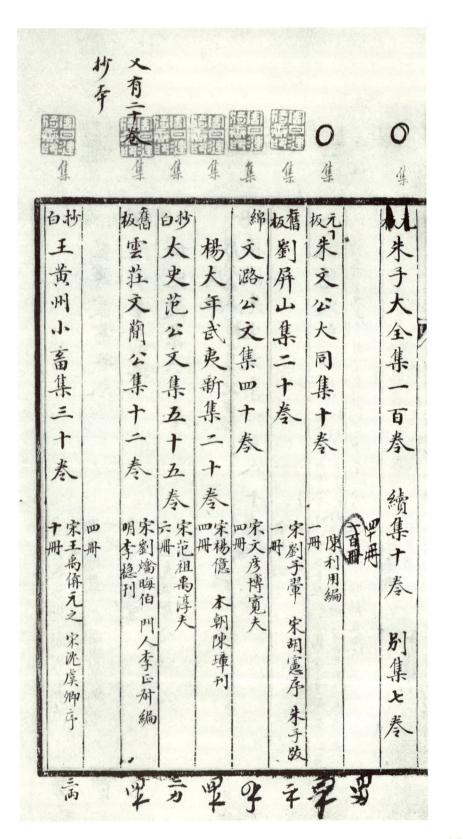

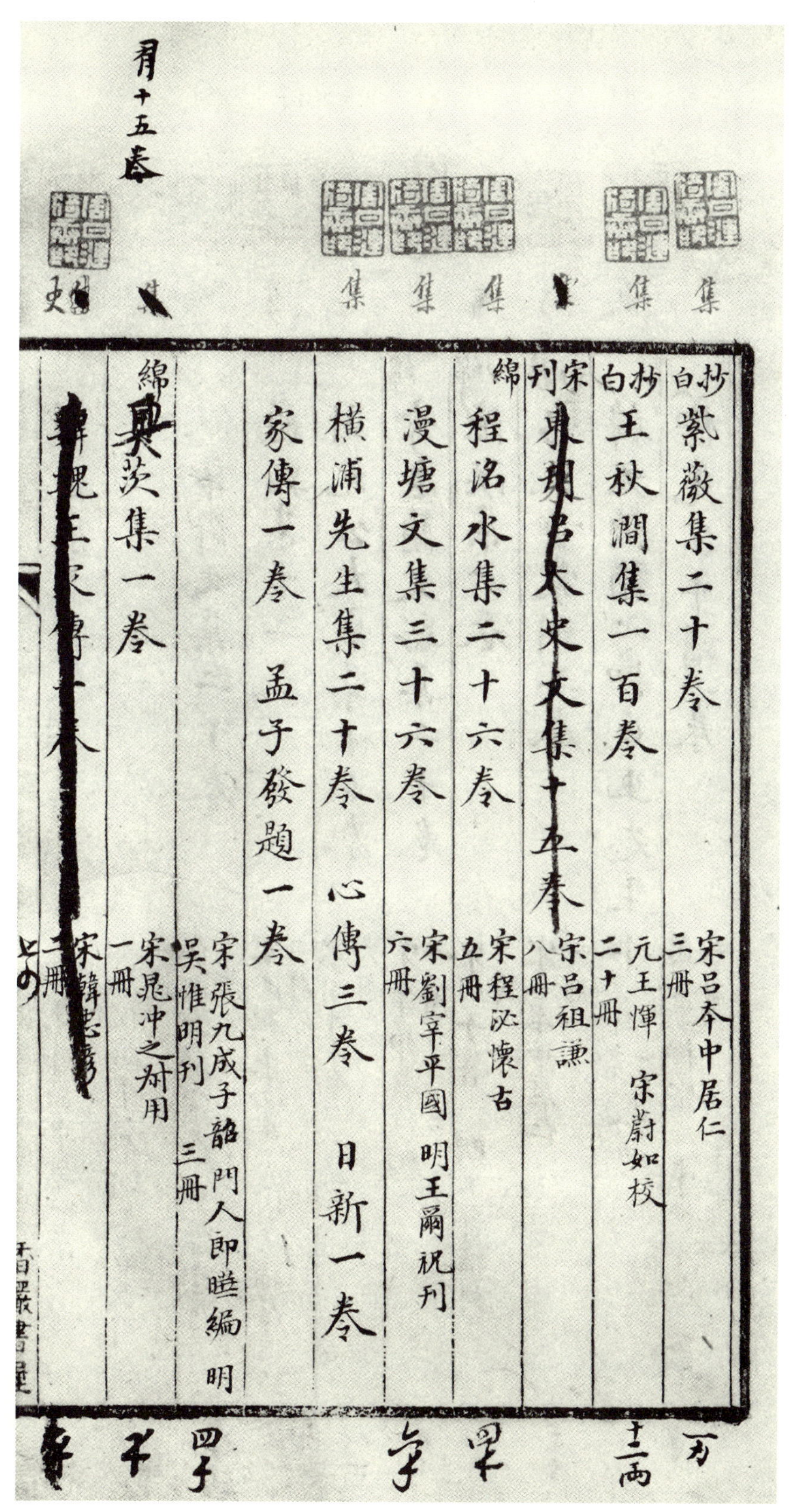

抄白 紫薇集二十卷 宋吕本中居仁 三冊

抄白 王秋澗集一百卷 元王惲 宋蔚如校 二十冊

宋刊 東萊吕太史文集十五卷 宋吕祖謙 八冊

綿 程洺水集二十六卷 宋程泌懷古 五冊

漫塘文集三十六卷 宋劉宰平國 明王爾祝刊 六冊

横浦先生集二十卷 心傳三卷 日新一卷

家傳一卷 孟子發題一卷 宋張九成子韶門人郎曄編 明吳惟明刊 三冊

綿 具茨集一卷 宋晁沖之叔用 一冊

韓魏王家傳十卷 宋韓忠彥 二冊

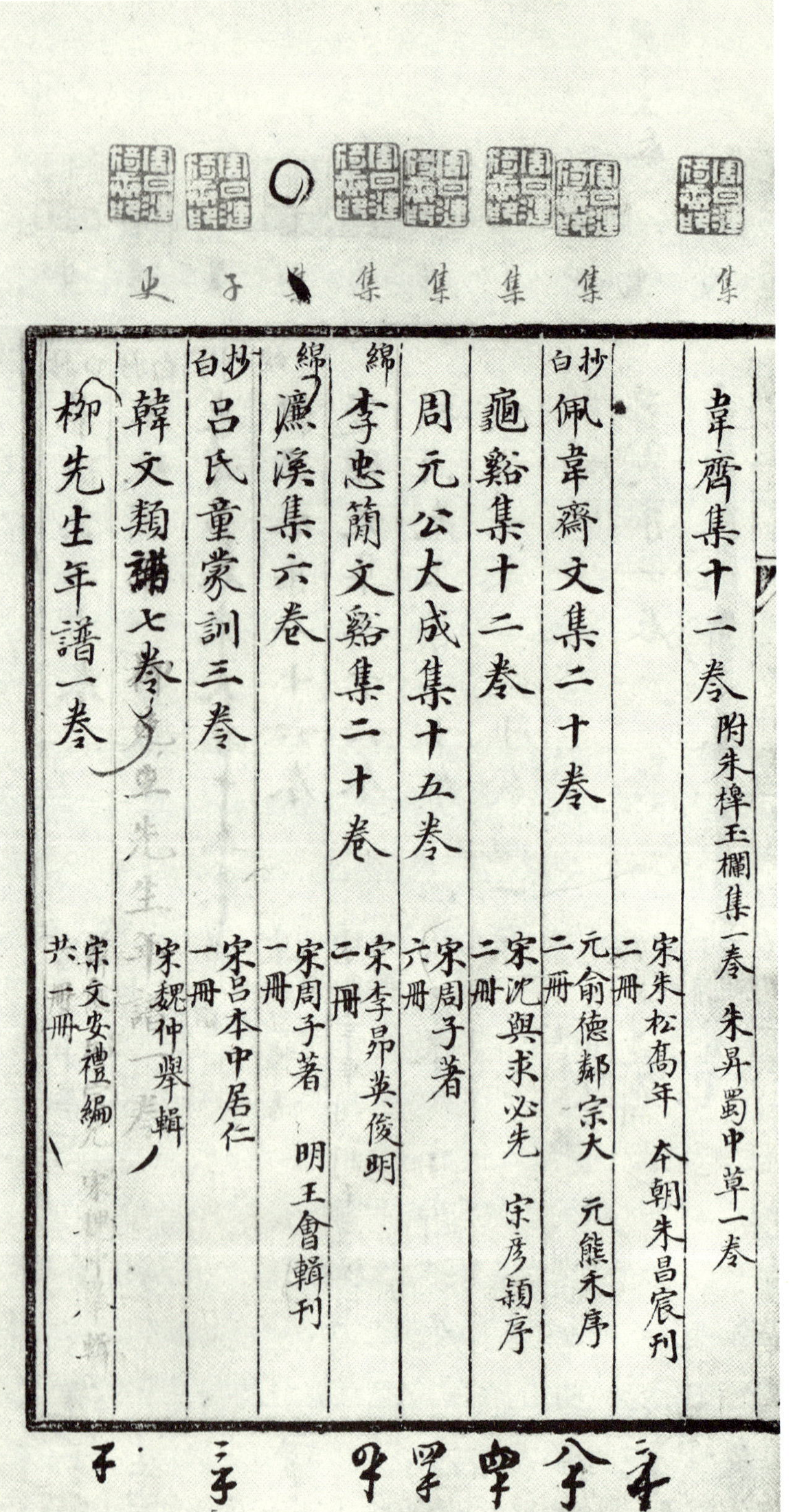
韋齋集十二卷附朱槔玉瀾集一卷 朱昇蜀中草一卷
宋朱松喬年 本朝朱昌宸刊 二册
抄白 佩韋齋文集二十卷
元俞德鄰宗大 元熊禾序 二册
抄白 讜谿集十二卷
宋沈與求必先 宋彦穎序 二册
周元公大成集十五卷
宋周子著 六册
綿 李忠簡文谿集二十卷
宋李昴英俊明 二册
綿 濂溪集六卷
宋周子著 明王會輯刊 一册
抄白 吕氏童蒙訓三卷
宋吕本中居仁 一册
韓文類譜七卷
宋魏仲舉輯
柳先生年譜一卷
宋文安禮編
共一册

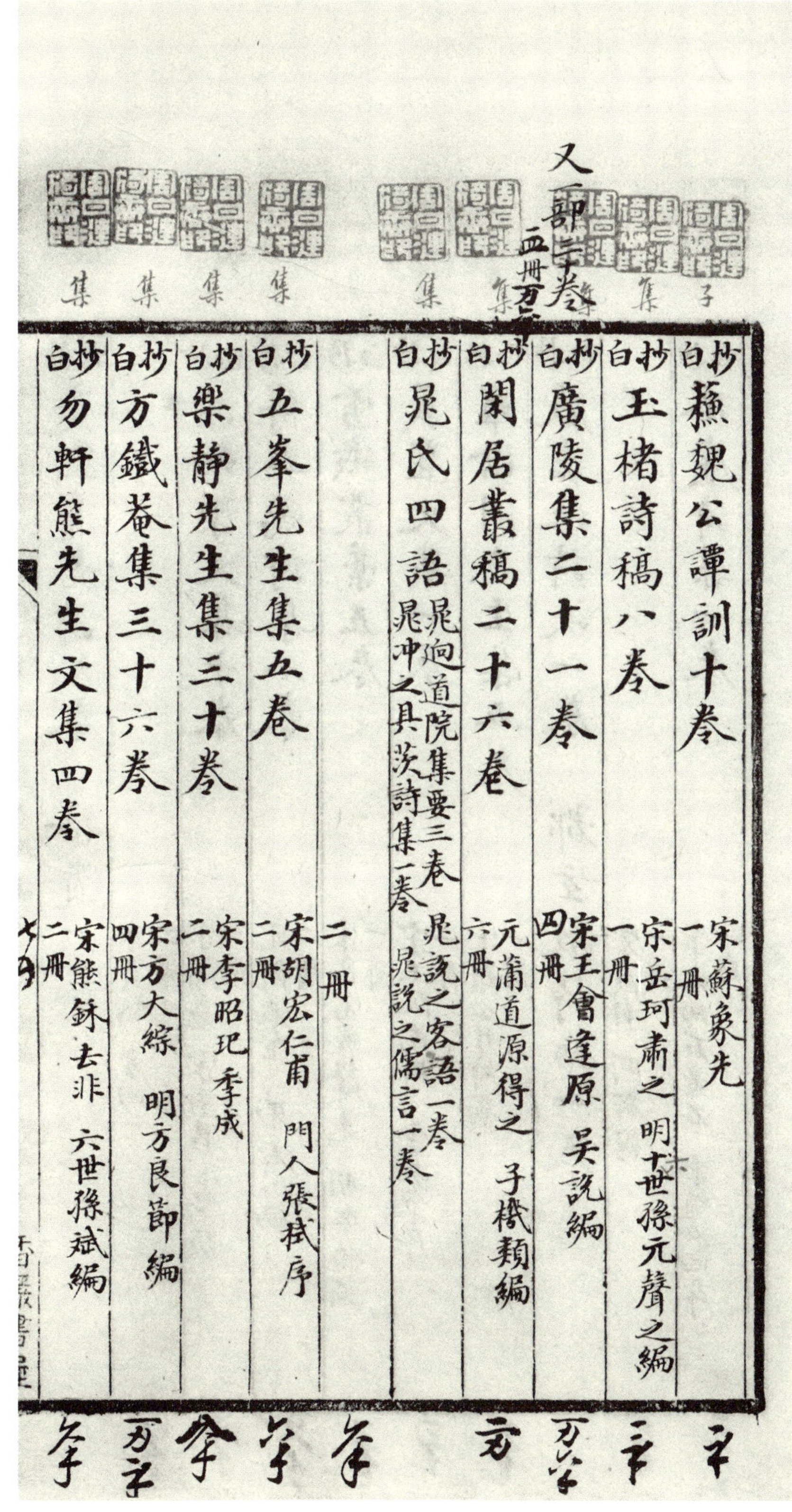

又一部十卷

子　集　集　集　集　集　集　集

白抄　蘐魏公譚訓十卷　　宋蘇象先
　一冊

白抄　玉楮詩稿八卷　　宋岳珂肅之　明十世孫元聲之編
　一冊

白抄　廣陵集二十一卷　　宋王會逢原　吳說編
　四冊

白抄　閑居叢稿二十六卷　　元蒲道源得之　子機類編
　六冊

白抄　晁氏四語　晁迥道院集要三卷　晁說之客語一卷　晁冲之具茨詩集一卷　晁說之儒言一卷
　六冊

　二冊

白抄　五峯先生集五卷　　宋胡宏仁甫　門人張栻序
　二冊

白抄　樂靜先生集三十卷　　宋李昭玘季成
　二冊

白抄　方鐵菴集三十六卷　　宋方大綜　明方良節編
　四冊

白抄　勿軒熊先生文集四卷　　宋熊鉌去非　六世孫斌編
　二冊

153

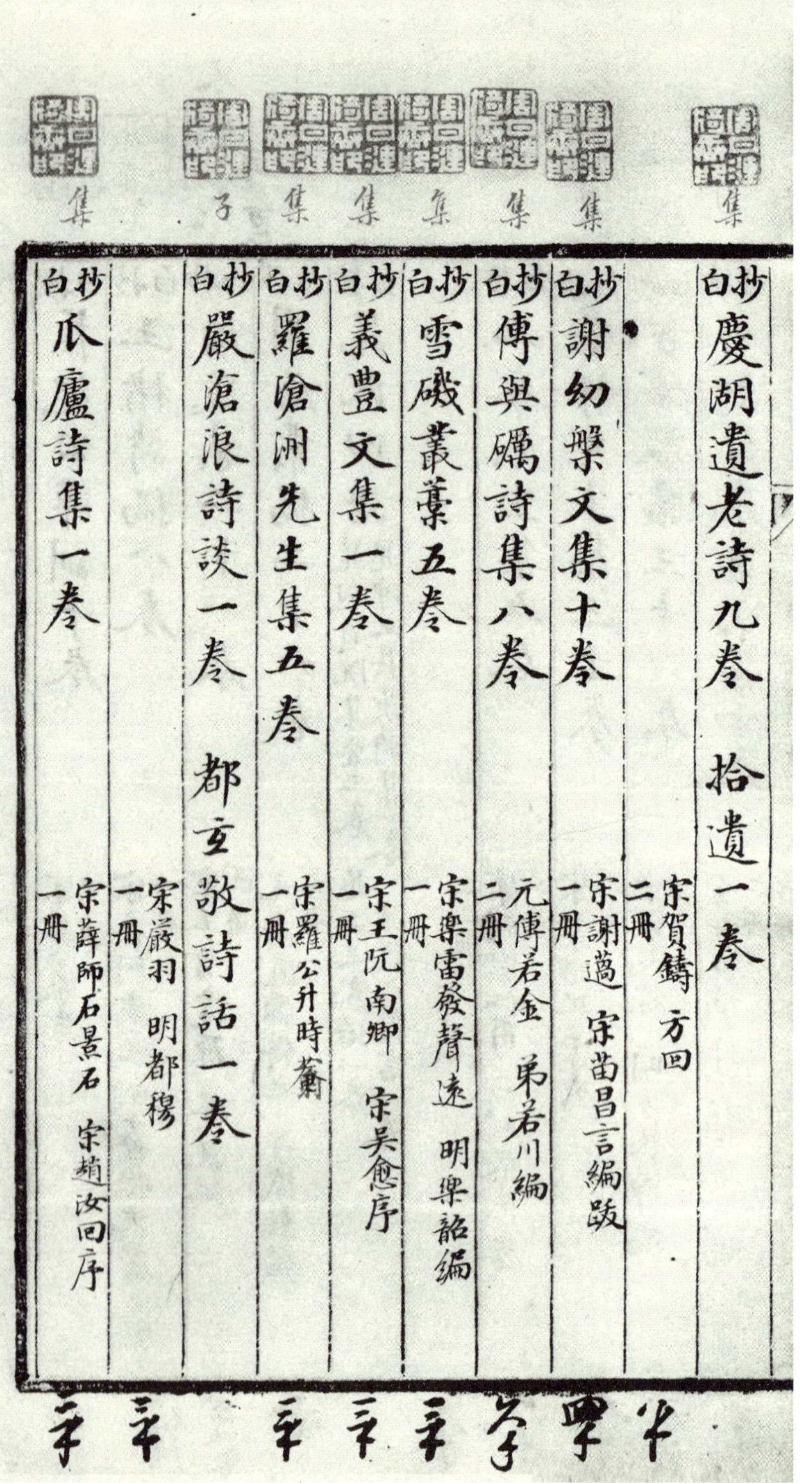

抄白 慶湖遺老詩九卷 拾遺一卷 宋賀鑄 方回 二冊

抄白 謝幼槃文集十卷 宋謝邁 宋苗昌言編跋 一冊

抄白 傅與礪詩集八卷 元傅若金 弟若川編 二冊

抄白 雪磯叢藁五卷 宋樂雷發聲遠 明樂韶編 一冊

抄白 義豐文集一卷 宋王阮南卿 宋吳愈序 一冊

抄白 羅滄洲先生集五卷 宋羅公升時翁 一冊

抄白 嚴滄浪詩談一卷 都玄敬詩話一卷 宋嚴羽 明都穆 一冊

抄白 瓜廬詩集一卷 宋薛師石景石 宋趙汝回序 一冊

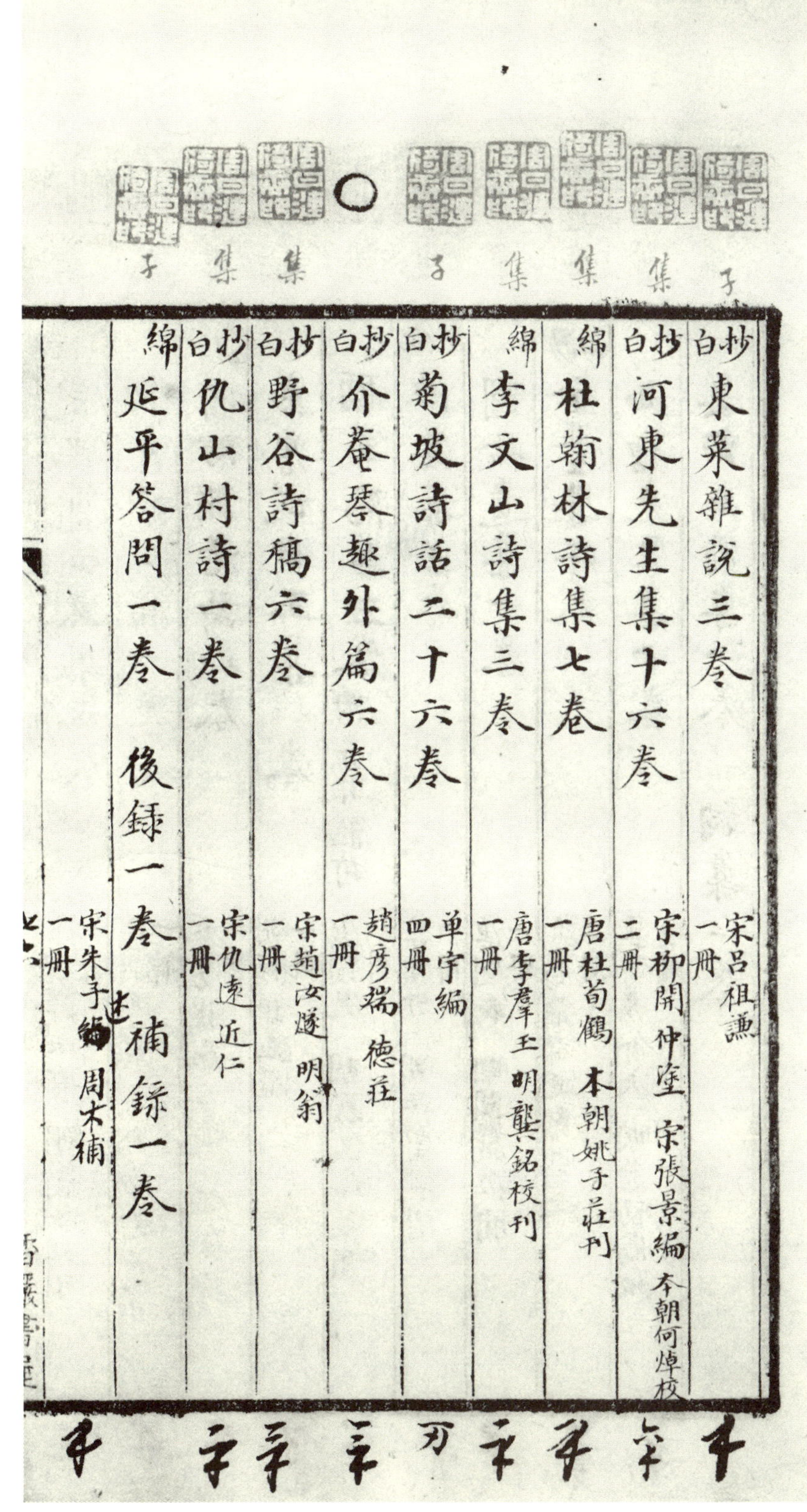

抄白 東萊雜說三卷 宋呂祖謙 一册

抄白 河東先生集十六卷 宋柳開仲塗 宋張景編 本朝何焯校 二册

綿 杜翰林詩集七卷 唐杜荀鶴 本朝姚子莊刊 一册

綿 李文山詩集三卷 唐李群玉 明龔銘校刊 一册

抄白 菊坡詩話二十六卷 单宇編 四册

抄白 介菴琴趣外篇六卷 趙彥端 德莊 一册

抄白 野谷詩稿六卷 宋趙汝𨔵 明翁 一册

抄白 仇山村詩一卷 宋仇遠 近仁 一册

綿 延平答問一卷 後錄一卷 補錄一卷 宋朱子編述 周木補 一册

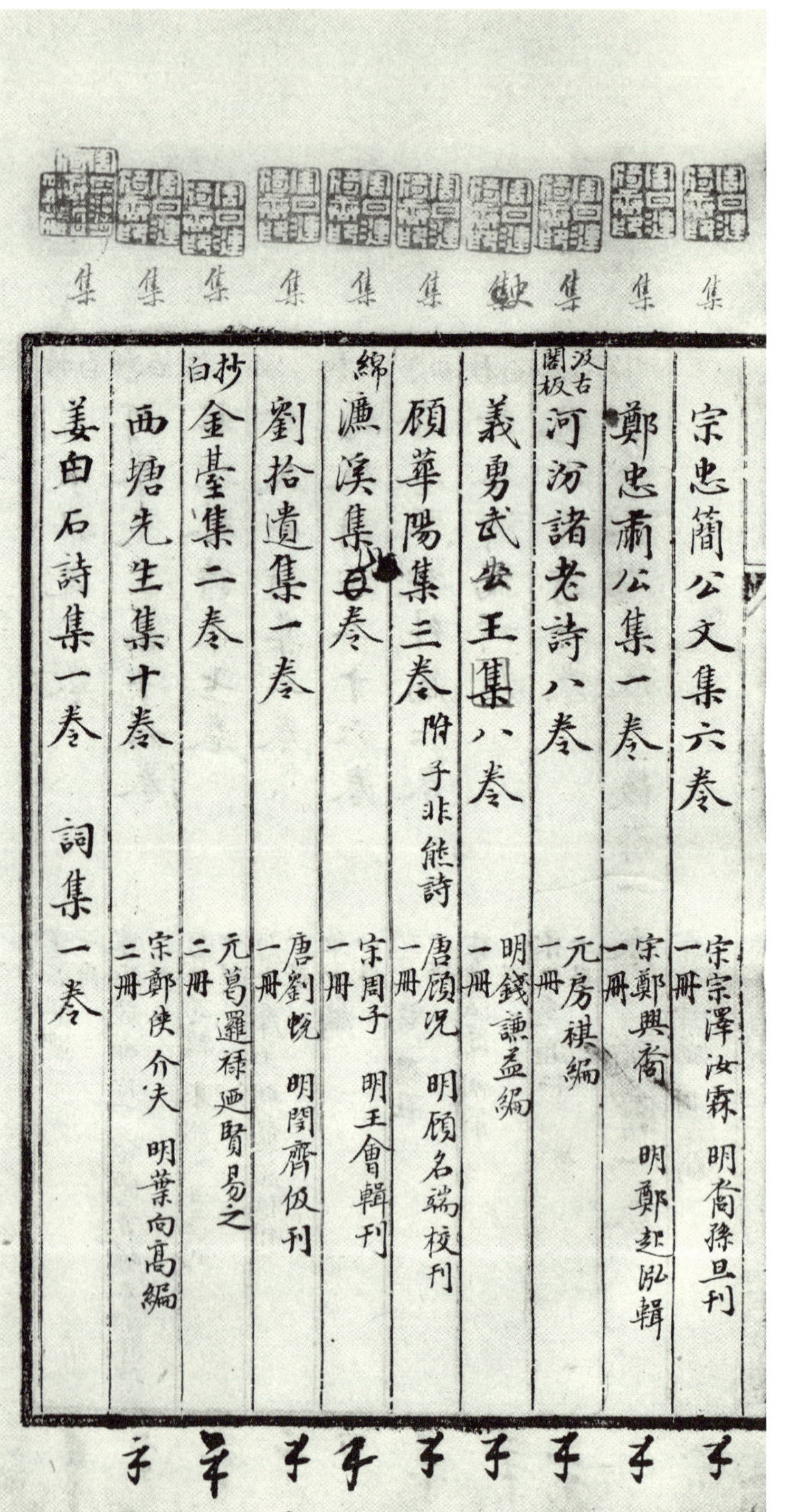

宋忠簡公文集六卷　宋宗澤汝霖　明裔孫旦刊　一册

鄭忠肅公集一卷　宋鄭興裔　明鄭起泓輯　一册

汲古閣板　河汾諸老詩八卷　元房祺編　一册

義勇武安王集八卷　明錢謙益編　一册

顧華陽集三卷　附子非能詩　唐顧況　明顧名端校刊　一册

綿　濂溪集六卷　宋周子　明王會輯刊　一册

劉拾遺集一卷　唐劉蛻　明閔齊伋刊　一册

抄白　金臺集二卷　元葛邏祿廼賢易之　二册

西塘先生集十卷　宋鄭俠介夫　明葉向高編　二册

姜白石詩集一卷　詞集一卷

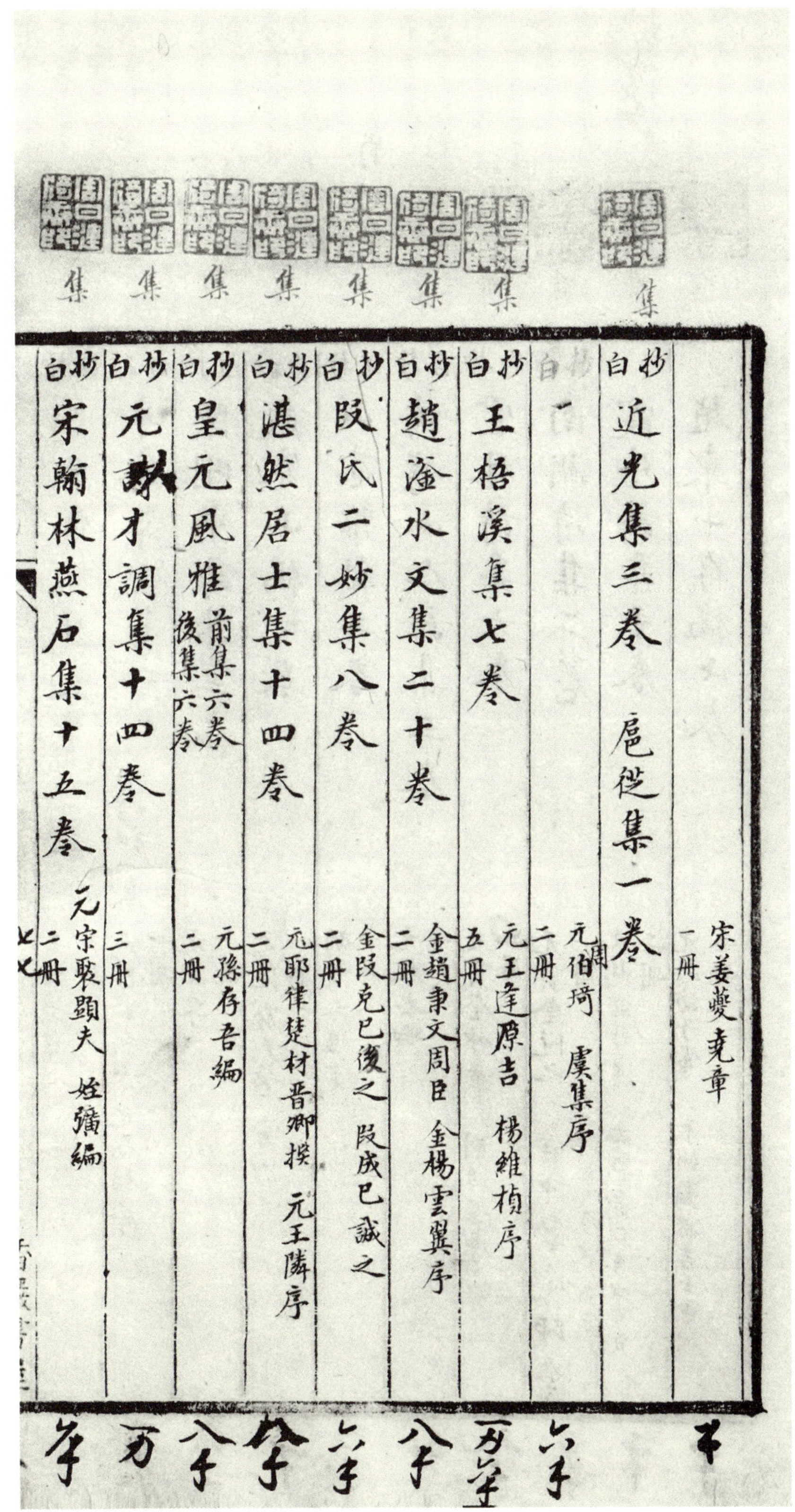
宋姜夔堯章 一册

抄白 近光集三卷 扈從集一卷 元周伯琦 虞集序 二册

抄白 王梧溪集七卷 元王逢原吉 楊維楨序 五册

抄白 趙滏水文集二十卷 金趙秉文周臣 金楊雲翼序 二册

抄白 段氏二妙集八卷 金段克己復之 段成己誠之 二册

抄白 湛然居士集十四卷 元耶律楚材晉卿撰 元王鄰序 二册

抄白 皇元風雅前集六卷 後集六卷 元孫存吾編 二册

抄白 元𩔗才調集十四卷 三册

抄白 宋翰林燕石集十五卷 元宋褧顯夫 姪彌編 二册

宥刻本

抄白 巴西鄧先生文集一卷 元鄧文原 一冊

抄白 来鶴草堂藁一卷 附唱和一卷 元呂誠敬夫 元楊楨序 一冊

抄白 陳剛中詩集三卷 元陳孚 一冊

抄白 歲寒小稿一卷 元范霖天碧 方回選 一冊

抄白 山菴雜録二卷 明僧無慍述 一冊

抄白 栲栳山人詩集三卷 元岑安卿 一冊

抄白 雲林詩集六卷 元貢奎仲章 明陳嵦序 四冊

抄白 南湖詩集二卷 元貢奎悅之 貢仲章孫 師泰子 師泰有玩齋集 一冊

霞外詩集十卷 元馬臻至道 明毛晉刊 二冊

趙東山存稿七卷 元趙汸子常 本朝裔孫吉士重刊 二冊

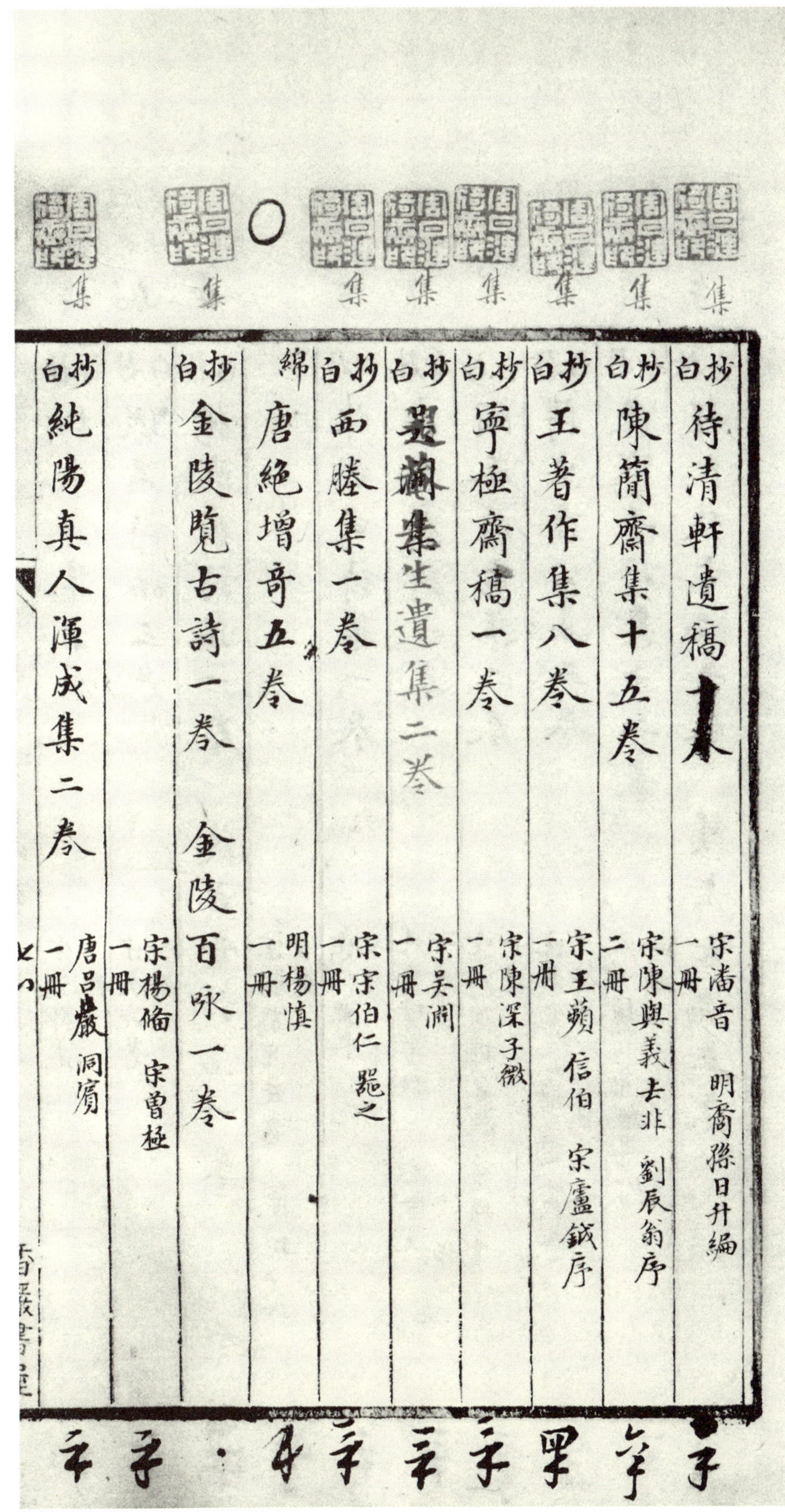
抄白 待清軒遺稿十卷 宋潘音 明裔孫日升編 一册
抄白 陳簡齋集十五卷 宋陳與義去非 劉辰翁序 二册
抄白 王著作集八卷 宋王蘋信伯 宋盧鉞序 一册
抄白 寧極齋稿一卷 宋陳深子微 一册
抄白 退菴先生遺集二卷 宋吳淵 一册
抄白 西塍集一卷 宋宋伯仁器之 一册
綿 唐絕增奇五卷 明楊慎 一册
抄白 金陵覽古詩一卷 金陵百咏一卷 宋楊備 宋曾極 一册
抄白 純陽真人渾成集二卷 唐呂巖洞賓 一册

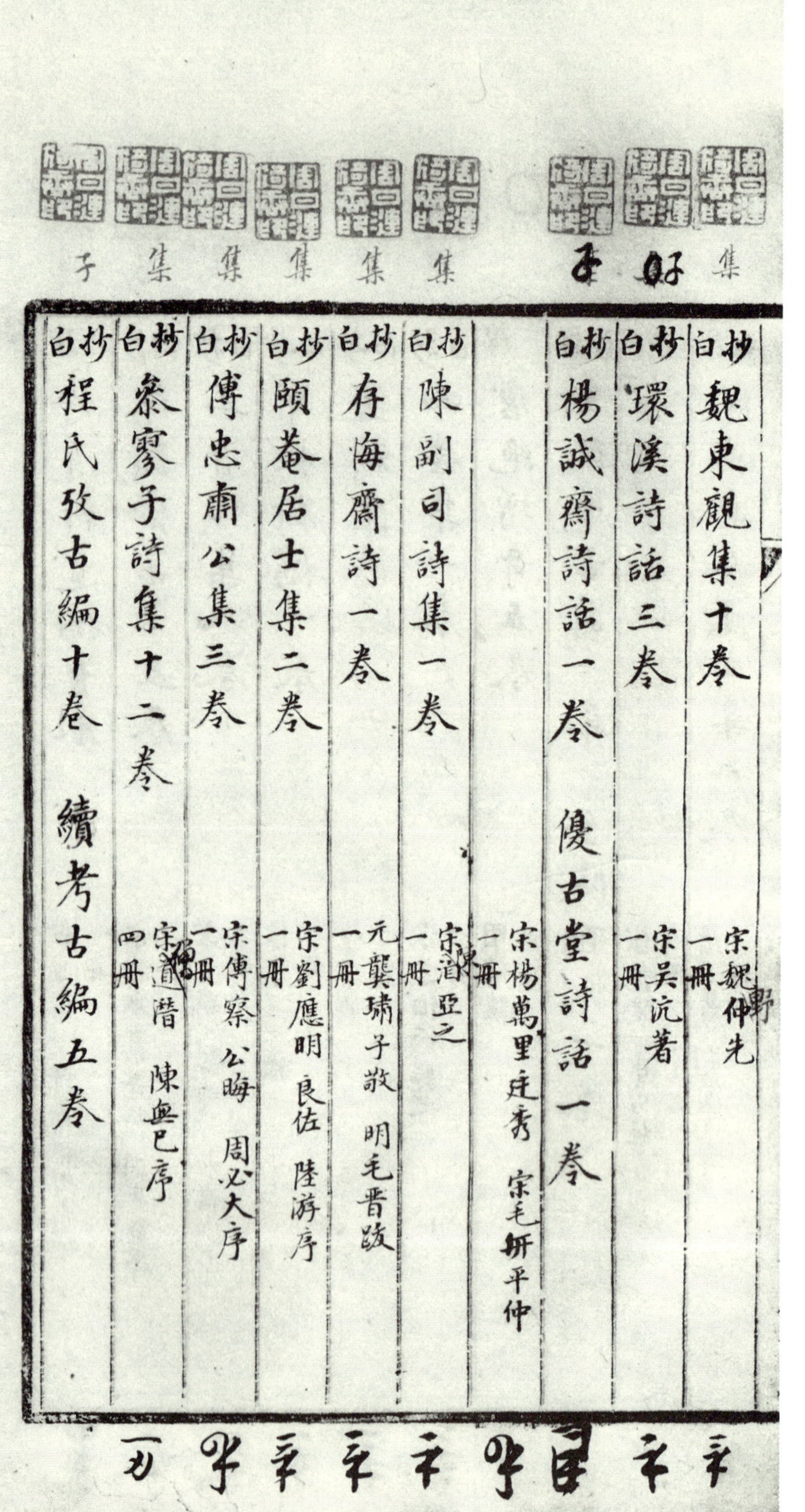
抄白 魏東觀集十卷 宋魏仲先 一册
抄白 環溪詩話三卷 宋吴沆著 一册
抄白 楊誠齋詩話一卷 傻古堂詩話一卷 宋楊萬里廷秀 宋毛幵平仲 一册
抄白 陳副司詩集一卷 宋陳亞之 一册
抄白 存海齋詩一卷 元龔璛子敬 明毛晋跋 一册
抄白 頤菴居士集二卷 宋劉應明良佐 陸游序 一册
抄白 傅忠肅公集三卷 宋傅察公晦 周必大序 一册
抄白 參寥子詩集十二卷 宋道潛 陳無巳序 四册
抄白 程氏攷古編十卷 續考古編五卷

重出

集 集 集 集 集 集 集 集 集

抄白 蜕岩詞二卷 程大昌 退之 二册

抄白 莊靖先生遺集十卷 元張翥 仲舉 一册

抄白 友石山人遺稿一卷 金李俊民 二册

抄白 倪石陵雜著一卷 元王翰 用文 一册

抄白 方泉詩集三卷 宋倪朴 元吴萊序 一册

抄白 雪溪詩集五卷 宋周文璞 晋仙 一册

抄白 樂軒先生集八卷 宋王銍 性之 一册

抄白 西渡詩集一卷 宋陳藻 元潔 宋劉克莊序 二册

抄白 雲陽李先生文集十卷 宋洪炎玉父 本朝宋犖抄 王士正跋 一册

宋李祁一初 明李東陽編 三册

抄　倚松老人詩二卷　元饒節德操　黃汝嘉校　一冊

抄白　始豐稿六卷　明徐一夔大章　二冊

舊　樂圃餘稿十卷　宋朱長文伯原　宋朱思編　本朝朱岳壽刊　一冊

抄白　河南文集二十七卷　附錄一卷　宋尹洙師魯　四冊

抄白　太倉稊米集七十卷　外集一卷　宋周紫芝少隱　八冊

抄白　鮑溶詩集六卷　錢遵王抄　一冊

括囊稿一卷　明文洪功大　一冊

惠山集六卷　明邵寶　一冊

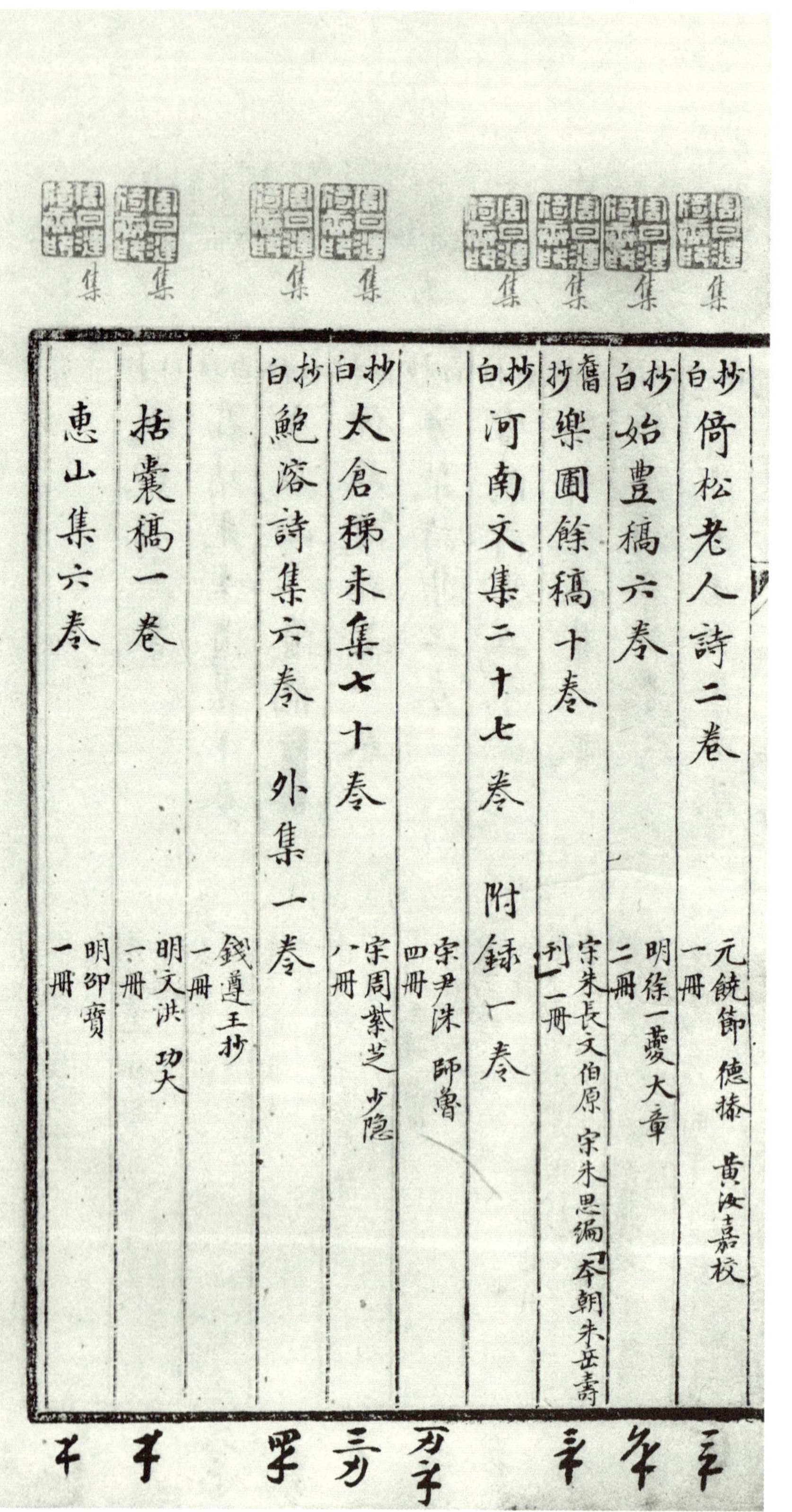

抄白　春雨軒集九卷　元劉彥昺　楊維楨序　一冊

抄白　覆瓿集六卷　宋趙必𤩪　玉淵　一冊

元板　樵雲獨唱集六卷　元葉顒　景南　自序　一冊

抄白　華陽集四十卷　宋張綱　彥正　洪邁序　四冊

肯適堂近草七卷　元孫士奇　一冊

抄白　鼓枻稿一卷　元虞堪　叔勝　宋蔚如藏　一冊

張小山樂府六卷　元張可久　一冊

抄白　桂軒詩集一卷　明謝常　彥銘　一冊

抄白　馬石田集十五卷　元馬祖常　伯庸　明李東陽編　朱彝尊藏本　王士正跋　四冊

抄白　竹齋詩集三卷　續集一卷　元王冕　駱裕編　一冊

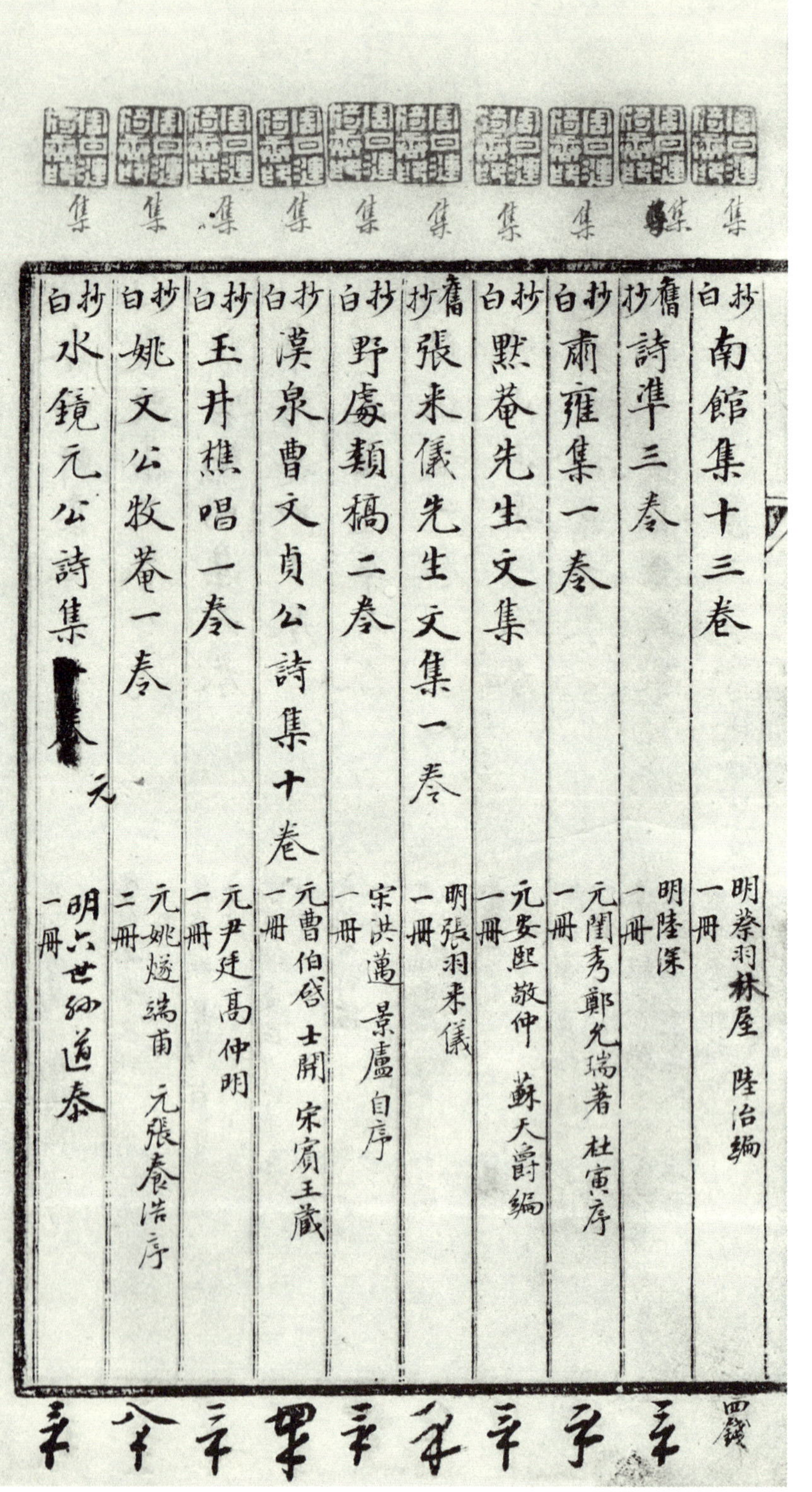

抄白　南館集十三卷　明蔡羽林屋　陸治編　一冊

舊抄　詩準三卷　明陸深　一冊

抄白　肅雍集一卷　元閔秀鄭允瑞著　杜寅序　一冊

抄白　默菴先生文集　元安熙敬仲　蘇天爵編　一冊

舊抄　張來儀先生文集一卷　明張羽來儀　一冊

抄白　野處類稿二卷　宋洪邁景盧自序　一冊

抄白　漢泉曹文貞公詩集十卷　元曹伯啓士開　宋賓王藏　一冊

抄白　玉井樵唱一卷　元尹廷高仲明　一冊

抄白　姚文公牧菴一卷　元姚燧端甫　元張養浩序　二冊

抄白　水鏡元公詩集　卷　元　明六世孫道泰　一冊

四錢

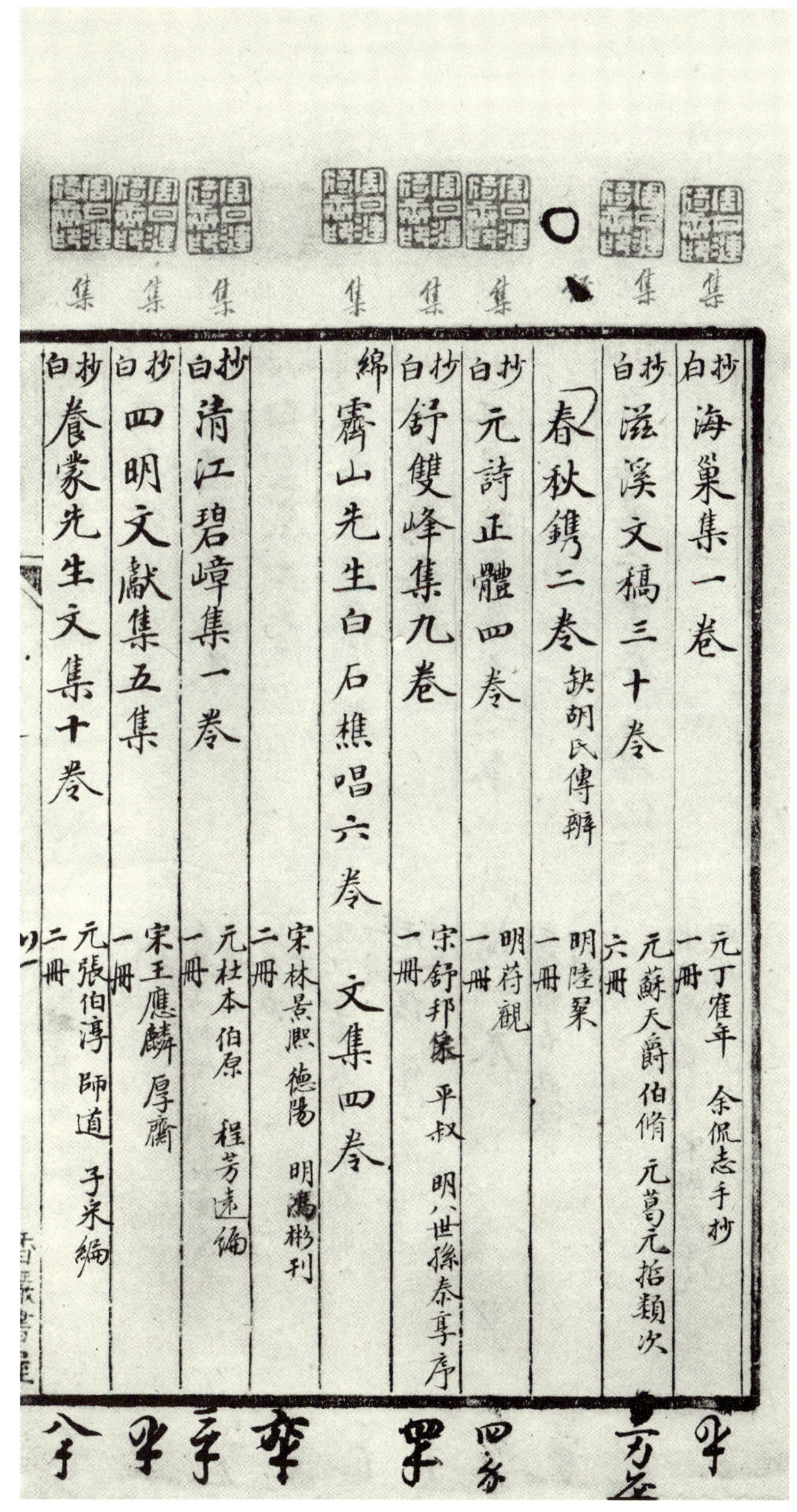
抄白 海巢集一卷 一册 元丁寉年 余侃志手抄

抄白 滋溪文稿三十卷 六册 元蘇天爵伯脩 元葛元哲類次

春秋鐫二卷 缺胡氏傳辨 一册 明陸粲

抄白 元詩正體四卷 一册 明苻觀

抄白 舒雙峰集九卷 一册 宋舒邦佐 平叔 明八世孫泰享序

綿 霽山先生白石樵唱六卷 文集四卷 二册 宋林景熙德陽 明馮彬刊

抄白 清江碧嶂集一卷 一册 元杜本伯原 程芳遠編

抄白 四明文獻集五集 一册 宋王應麟厚齋

抄白 養蒙先生文集十卷 二册 元張伯淳師道 子采編

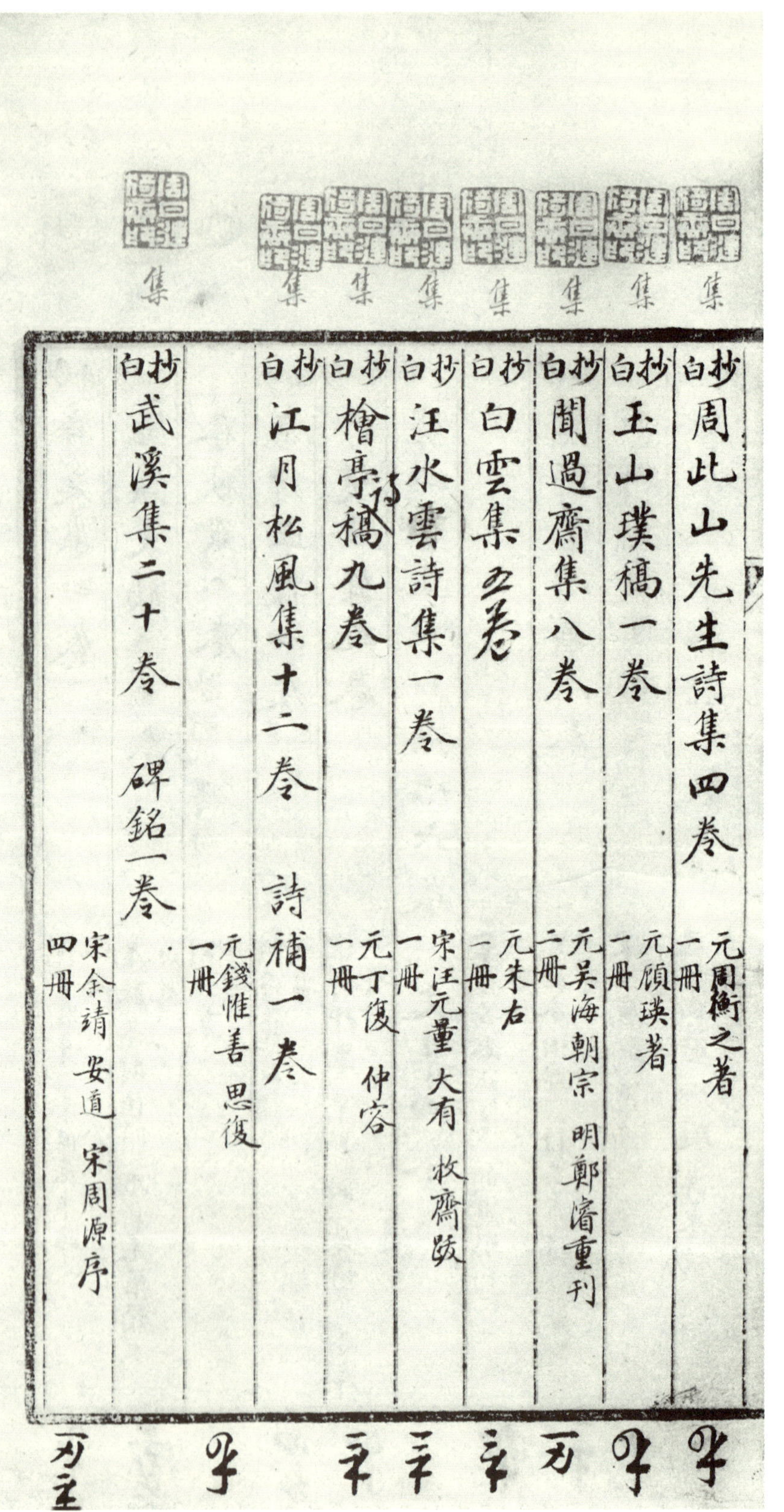

抄白 周此山先生詩集四卷 元周衡之著 一冊

抄白 玉山璞稿一卷 元顧瑛著 一冊

抄白 閒過齋集八卷 元吴海朝宗 明鄭潛重刊 二冊

抄白 白雲集三卷 元朱右 一冊

抄白 汪水雲詩集一卷 宋汪元量大有 牧齋跋 一冊

抄白 檜亭詩稿九卷 元丁復仲容 一冊

抄白 江月松風集十二卷 詩補一卷 元錢惟善思復 一冊

抄白 武溪集二十卷 碑銘一卷 宋余靖安道 宋周源序 四冊

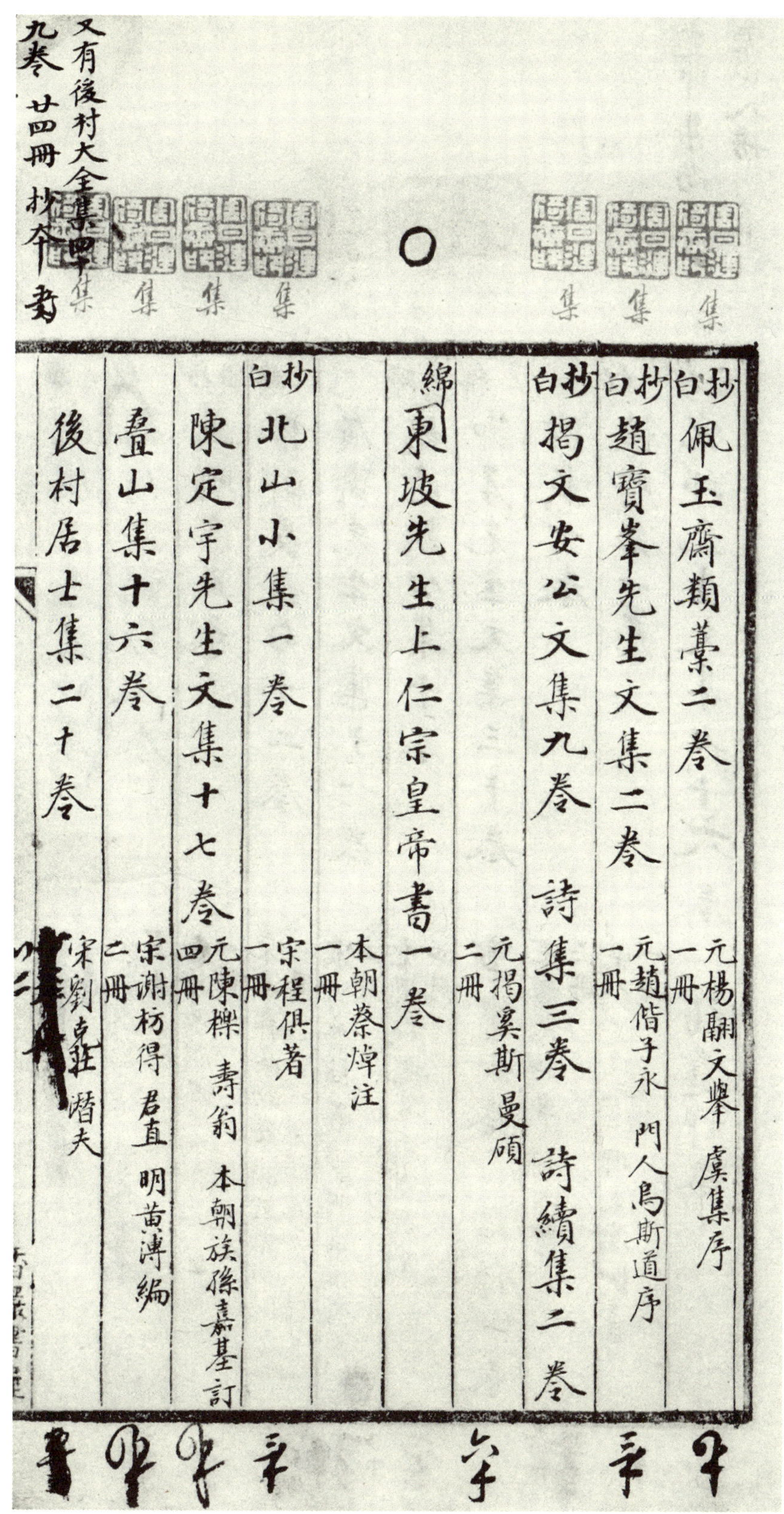
又有後村大全集四十九卷 廿四冊 抄本

抄白 佩玉齋類藁二卷 元楊翮文舉 虞集序 一冊

抄白 趙寶峯先生文集二卷 元趙偕子永 門人烏斯道序 一冊

抄白 揭文安公文集九卷 詩集三卷 詩續集二卷 元揭傒斯曼碩 二冊

綿 東坡先生上仁宗皇帝書一卷 本朝蔡焯注 一冊

抄白 北山小集一卷 宋程俱著 一冊

陳定宇先生文集十七卷 元陳櫟壽翁 本朝族孫嘉基訂 四冊

疊山集十六卷 宋謝枋得君直 明黄溥編 二冊

後村居士集二十卷 宋劉克莊潛夫

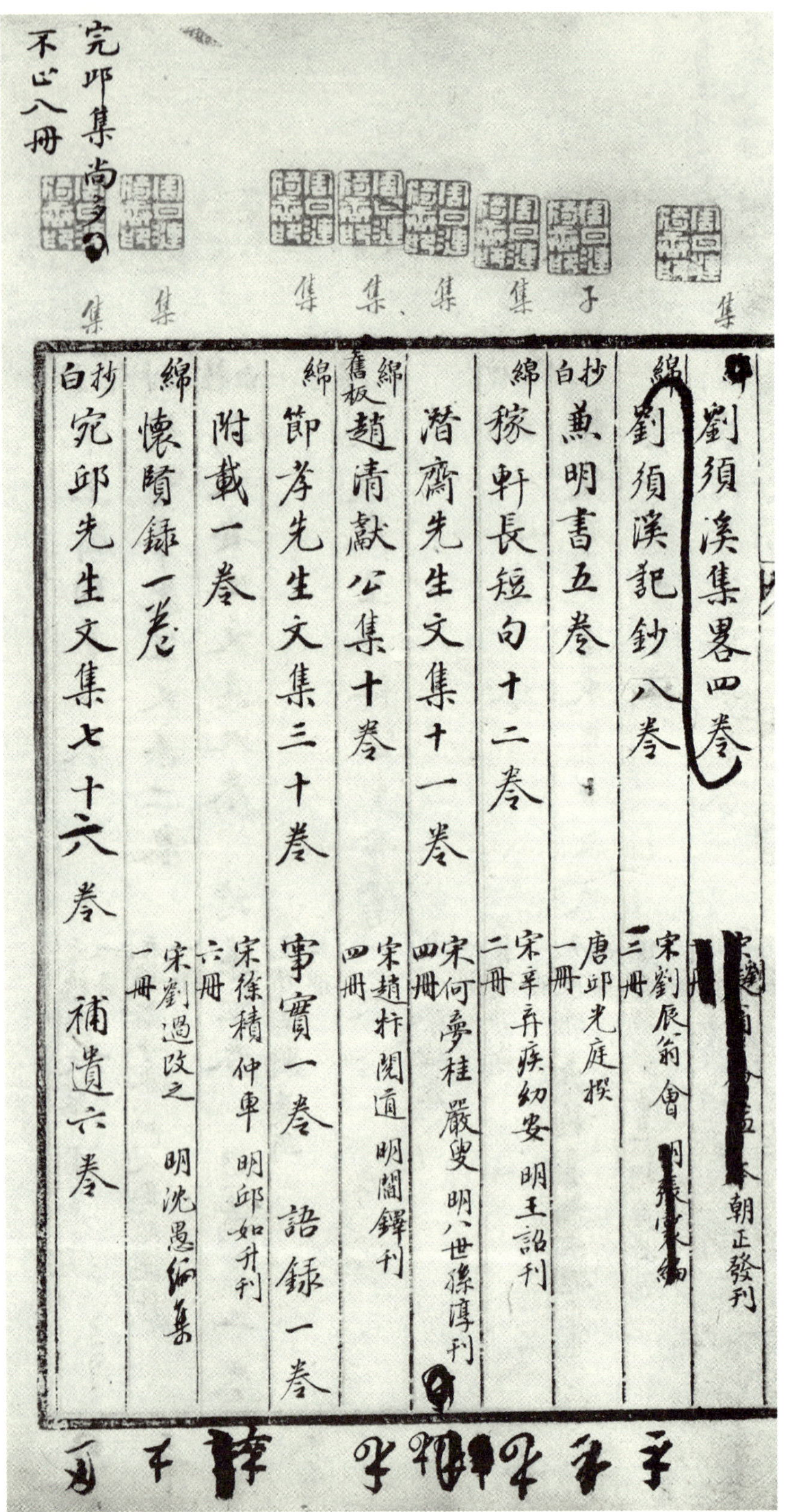

宛邱集尚多 不止八冊

劉須溪集畧四卷　宋[illegible]　朝正發刊

綿　劉須溪記鈔八卷　宋劉辰翁會　明[illegible]編　三冊

抄白　兼明書五卷　唐邱光庭撰　一冊

綿　稼軒長短句十二卷　宋辛弃疾幼安　明王詔刊　二冊

潛齋先生文集十一卷　宋何夢桂嚴叟　明八世孫淳刊　四冊

綿　舊板　趙清獻公集十卷　宋趙抃閱道　明閻鐸刊　四冊

綿　節孝先生文集三十卷　事實一卷　語錄一卷　宋徐積仲車　明邱如升刊　六冊

附載一卷

綿　懷賢錄一卷　宋劉過改之　明沈愚編集　一冊

抄白　宛邱先生文集七十六卷　補遺六卷

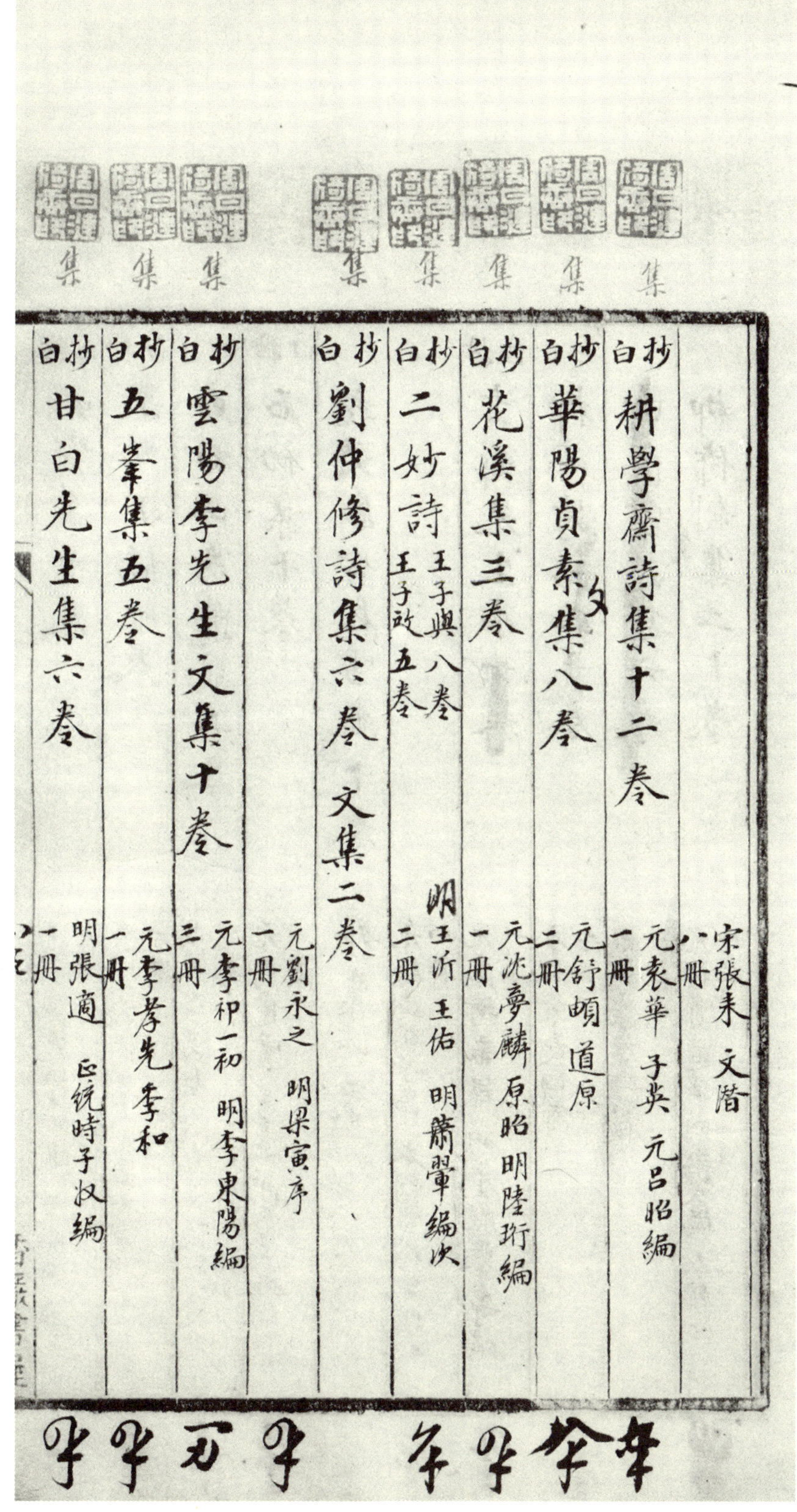

耕學齋詩集十二卷　宋張耒文潛　元袁華子英　元吕昭編　一册　抄白

華陽貞素文集八卷　元舒頔道原　二册　抄白

花溪集三卷　元沈夢麟原昭　明陸珩編　一册　抄白

二妙詩　王子與八卷　王子啟五卷　明王沂　王佑　明蕭暈編次　二册　抄白

劉仲修詩集六卷　文集二卷　元劉永之　明梁寅序　一册　抄白

雲陽李先生文集十卷　元李祁一初　明李東陽編　三册　抄白

五峯集五卷　元李孝光季和　一册　抄白

甘白先生集六卷　明張適　正統時子叔編　一册　抄白

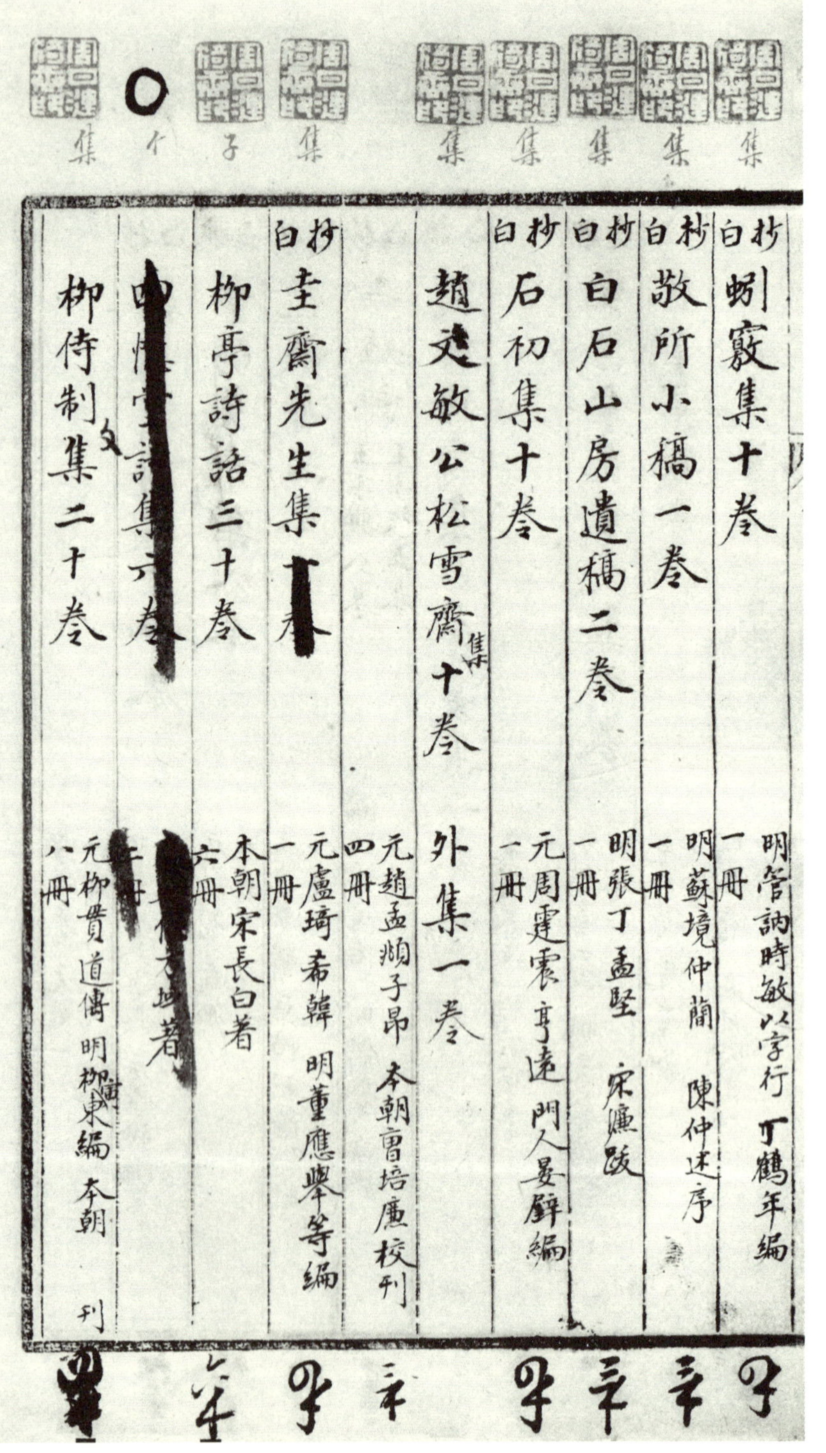

抄　白蜎窾集十卷　明管訥時敏以字行　丁鶴年編　一冊

抄　敬所小稿一卷　明蘇境仲蕑　陳仲迷序　一冊

抄　白石山房遺稿二卷　明張丁孟堅　宋璉跋　一冊

白　石初集十卷　元周霆震亨遠　門人晏璧編　一冊

趙文敏公松雪齋集十卷　外集一卷　元趙孟頫子昂　本朝曹培廉校刊　四冊　　元盧琦希韓　明董應舉等編　一冊

抄　白圭齋先生集　一卷

柳亭詩話三十卷　本朝宋長白著　六冊

四憶堂詩集六卷　本朝　著

柳侍制集二十卷　元柳貫道傳　明柳　東編　本朝　刊　八冊

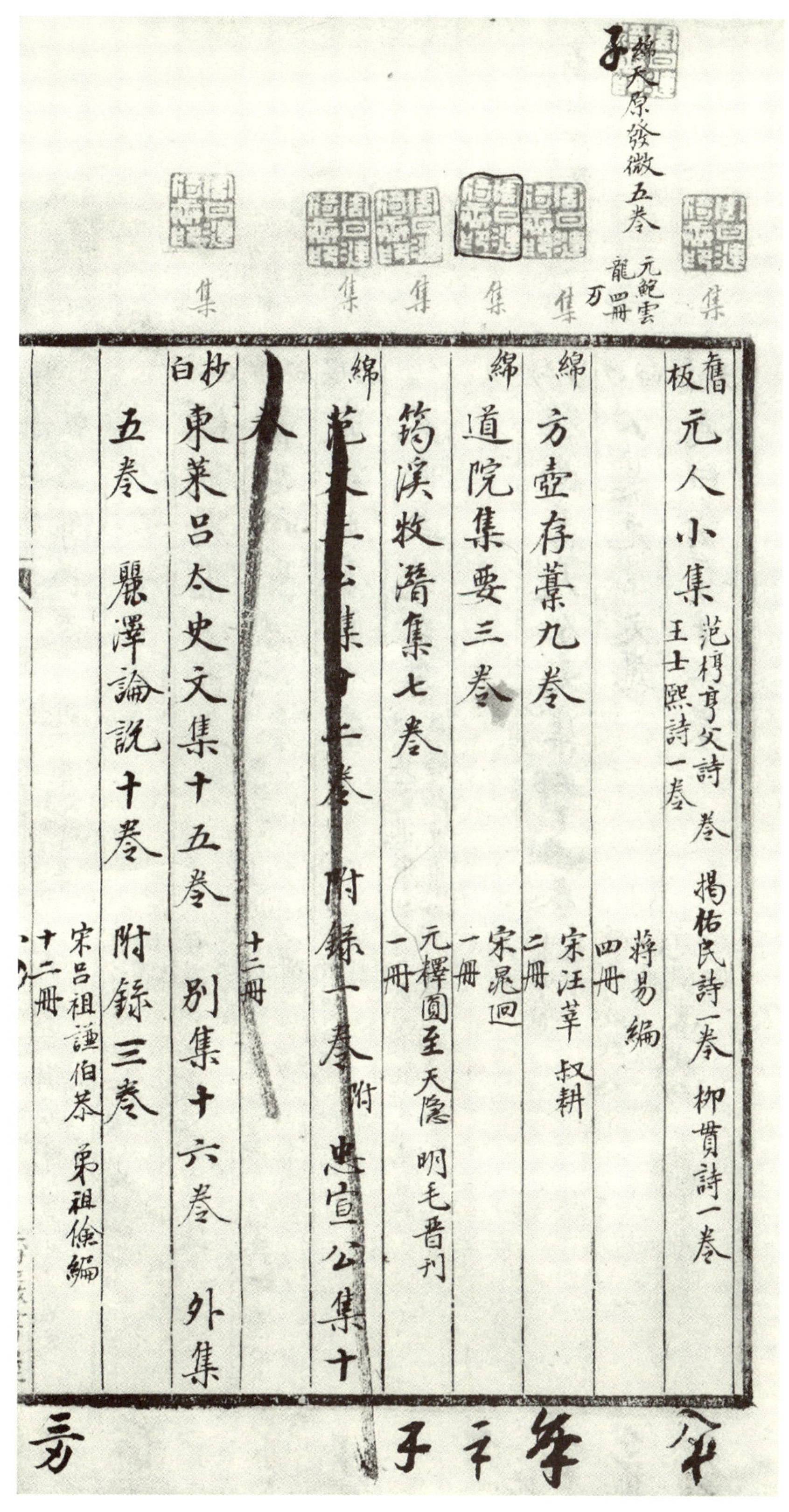

綿天原發微五卷 元鮑雲龍 四冊

舊板 元人小集 范椁亨文詩一卷 王士熙詩一卷 揭佑民詩一卷 柳貫詩一卷 蔣易編 四冊

綿 方壺存藁九卷 宋汪莘叔耕 二冊

綿 道院集要三卷 宋晁迥 一冊

筠溪牧潛集七卷 元釋圓至天隱 明毛晋刊 一冊

綿 范文正公集二十卷 附錄一卷 附 忠宣公集十 十二冊

抄白 東萊呂太史文集十五卷 別集十六卷 外集五卷 麗澤論說十卷 附錄三卷 宋呂祖謙伯恭 弟祖儉編 十二冊

有七十卷○

集　集　集　　　集　集　子　　集

舊　白　抄　抄　白　抄　白　抄　舊　　綿
板　白　孫　公　曹　梅　　華　蛟
夷　是　尚　安　宛　　陽　峯
白　先　書　邱　陵　　山　集
齋　生　大　長　集　　房　八
集　文　全　語　六　　集　卷
十　集　文　一　十　　八　　外
二　　集　卷　卷　　卷　　集
卷　　七　　　　　　　四
　　　　十　　　　　　　卷
　　　　一　　　　　　　　內
　　　　卷　　學　　　　　第
　　　　　　　詩　　明　　九
　　　　　　　官　　皇　　卷
　　　　　　　見　　甫　　附
　　　　　　　贈　　冲　　方
　　　　　　　　　　子　　逢
　　　　　　　　　　波　　振
　　　　五　　　　　　　　山
　　　　冊　　　　　　　　房
　　　　　宋　　　　宋　　遺
　　　　　孫　　　　梅　　文
六　　四　　覿　　一　堯　　宋
冊　　冊　　　　一　冊　臣　　方
　　　　　　　　冊　　聖　　逢
　　　　　宋　　　　　俞　　辰
元　　　　劉　　　　　　　　君
陳　　　　敞　　　　　　　　錫
基　　　　原　　　　　　　　明
敬　　　　父　　　　　　　　七
初　　　　　　　　　　　　世
　　　　　　　　　　　　　孫
元　　　　　　　　　　　　中
戴　　　　　　　　　　　　編
良　　　　　　　　　　　　四
序　　　　　　　　　　　　冊

沈氏三先生集　沈遺文通集十卷　沈遼集十卷
　　　　　　　沈括存中集四十一卷　內原缺二十二卷

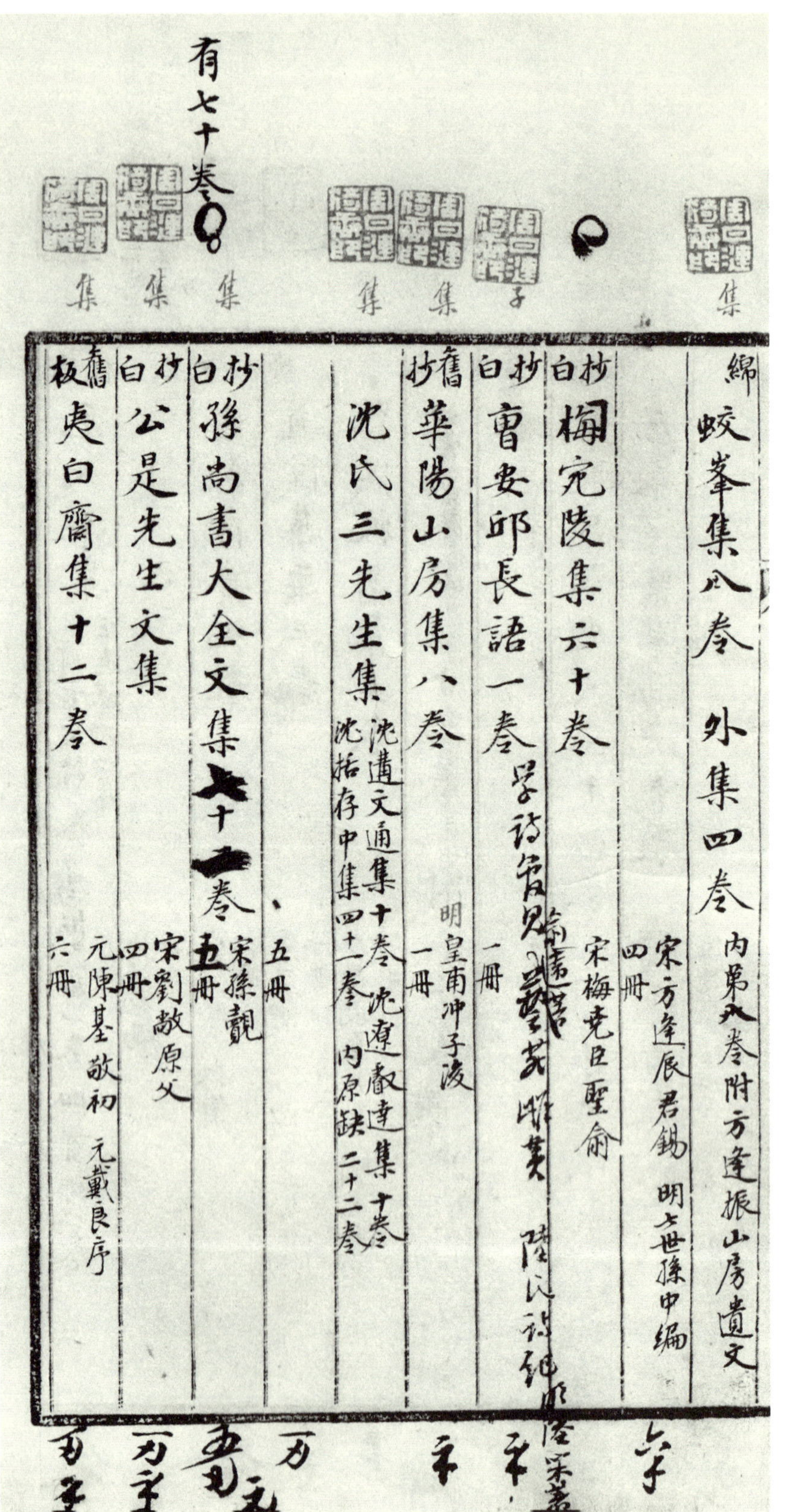

綿　圭齋文集十六卷　元歐陽玄原功　四册
抄白　玉笥集八卷　元鄧伯言　明何淑序　一册
綿　玉臺新咏十卷　陳徐陵編　一册
抄白　宋人詩集　横舟稿　施樞　倦遊稿　施樞　學吟　朱南杰　抱拙小稿　趙希璐　歊稿　利登　看雲小集　黄文雷　端隱吟稿　林尚仁　心游摘稿　劉翼　芸居乙稿　陳起　露香拾稿　黄大受　雲卧詩集　吴汝弌　斗野稿　張藴　竹所吟稿　徐集孫　鷗渚微吟　趙崇鉘　庸齋小集　沈説　東齋小集　陳鑒之　臞翁詩集　敖陶孫　梅屋吟　鄒登龍　雪坡小稿二卷　羅與之　雪林删餘　張至龍　橘潭詩稿　何應龍　菊潭詩集　吴仲孚　皇荂曲　鄧林　西麓詩稿　陳允平　踈寮小集　高似孫　雅林稿　王琮　北窗詩稿　余觀復　招山小集　劉仙倫　漁溪詩稿　俞桂　檜庭吟稿　葛起耕　靖逸小集　葉紹翁　静佳龍尋稿　朱繼芳　静佳乙稿　朱繼芳　吾竹小稿　毛珝　蒙泉詩稿　李濤　適安藏拙餘稿　武衍　竹莊小稿　胡仲參　山居存稿　陳必復　巽齋小集　危稹　學詩初稿　王同祖　秋江烟草　張弋　癖齋小稿　杜旃　菊澗小集　高九萬　順適堂吟稿　葉茵　采芝集　芳庭斯植　雲泉詩集　釋永頤　方泉詩集　周文璞　無懷小集　葛天民　雪蓬稿　雪窗小集　張良臣　小山

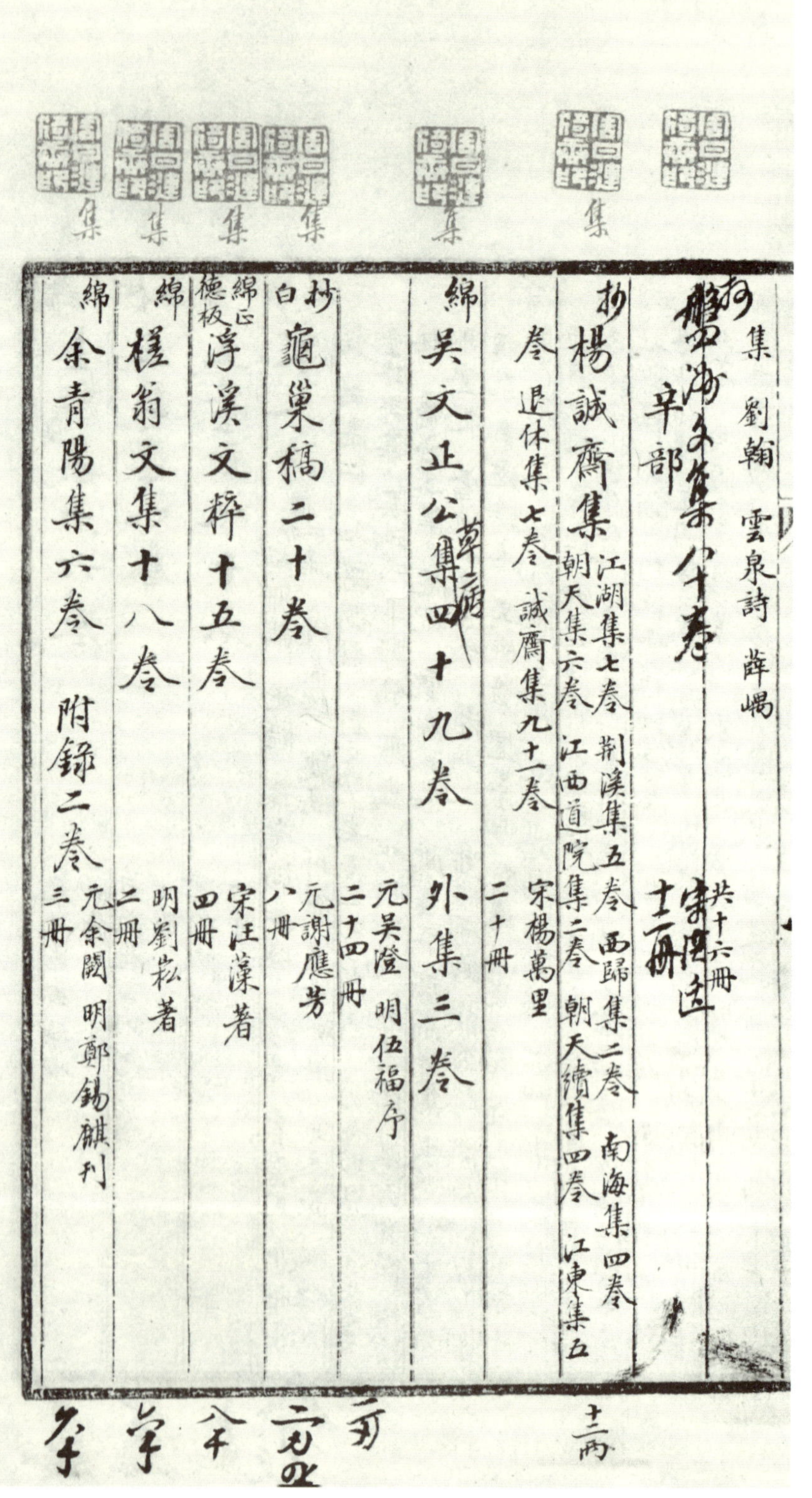

集　劉翰　雲泉詩　薛嵎

辛部　共十六冊

抄　楊誠齋集　江湖集七卷　荊溪集五卷　西歸集二卷　南海集四卷　朝天集六卷　江西道院集二卷　朝天續集四卷　江東集五卷　退休集七卷　誠齋集九十一卷　宋楊萬里　二十冊

綿　吳文正公集四十九卷　外集三卷　元吳澄　明伍福序　二十四冊

抄白　龜巢稿二十卷　元謝應芳　八冊

綿　正德板　浮溪文粹十五卷　宋汪藻著　四冊

綿　槎翁文集十八卷　明劉崧著　二冊

綿　余青陽集六卷　附錄二卷　元余闕　明鄭錫麒刊　三冊

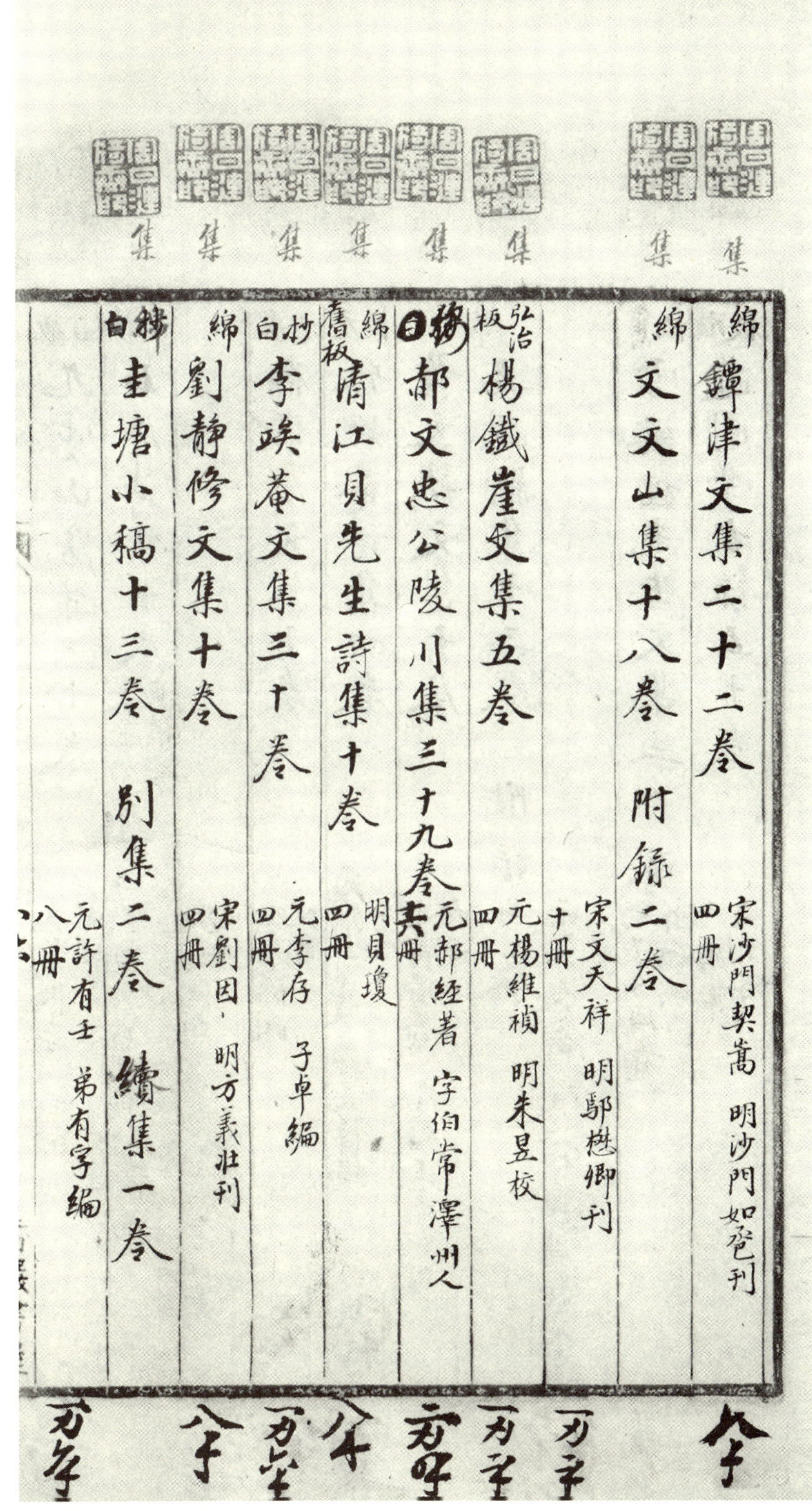

綿 鐔津文集二十二卷 宋沙門契嵩 明沙門如卺刊 四冊

綿 文文山集十八卷 附錄二卷 宋文天祥 明鄢懋卿刊 十冊

弘治板 楊鐵崖文集五卷 元楊維禎 明朱昱校 四冊

抄白 郝文忠公陵川集三十九卷共冊 元郝經著 字伯常 澤州人

綿 舊板 清江貝先生詩集十卷 明貝瓊 四冊

抄白 李竢菴文集三十卷 元李存 子卓編 四冊

綿 劉靜修文集十卷 宋劉因 明方義壯刊 四冊

抄白 圭塘小稿十三卷 別集二卷 續集一卷 元許有壬 弟有孚編 八冊

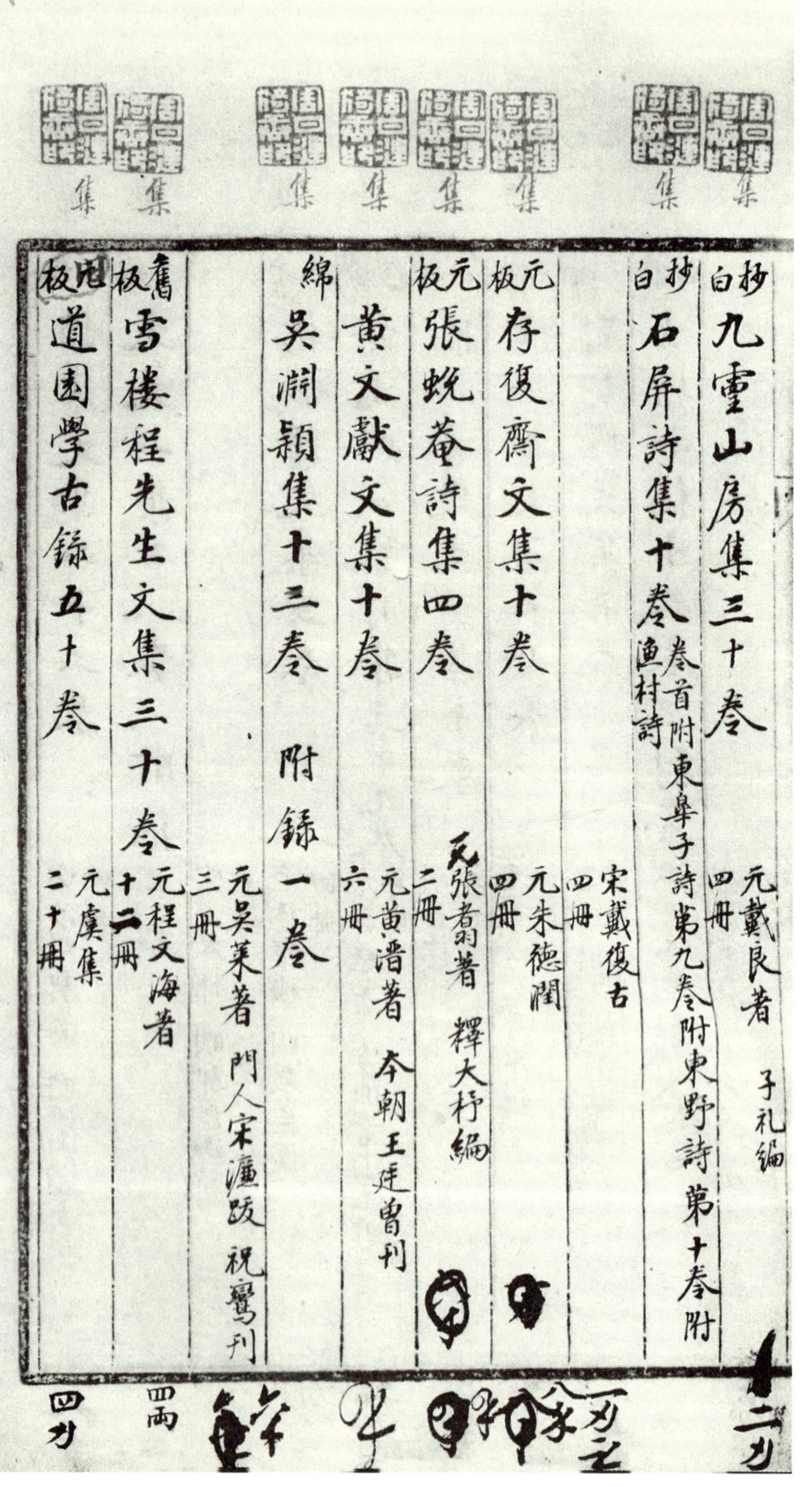
抄白 九靈山房集三十卷 元戴良著 子礼編 四冊

抄白 石屏詩集十卷 卷首附東皋子詩第九卷附東野詩第十卷附漁村詩 宋戴復古 四冊

元板 存復齋文集十卷 元朱德潤 四冊

元板 張蛻菴詩集四卷 元張翥著 釋大杼編 二冊

黄文獻文集十卷 元黄溍著 本朝王廷曾刊 六冊

綿 吴淵穎集十二卷 附錄一卷 元吴萊著 門人宋濂跋 祝鑾刊 三冊

舊板 雪樓程先生文集三十卷 元程文海著 十二冊

元板 道園學古錄五十卷 元虞集 二十冊

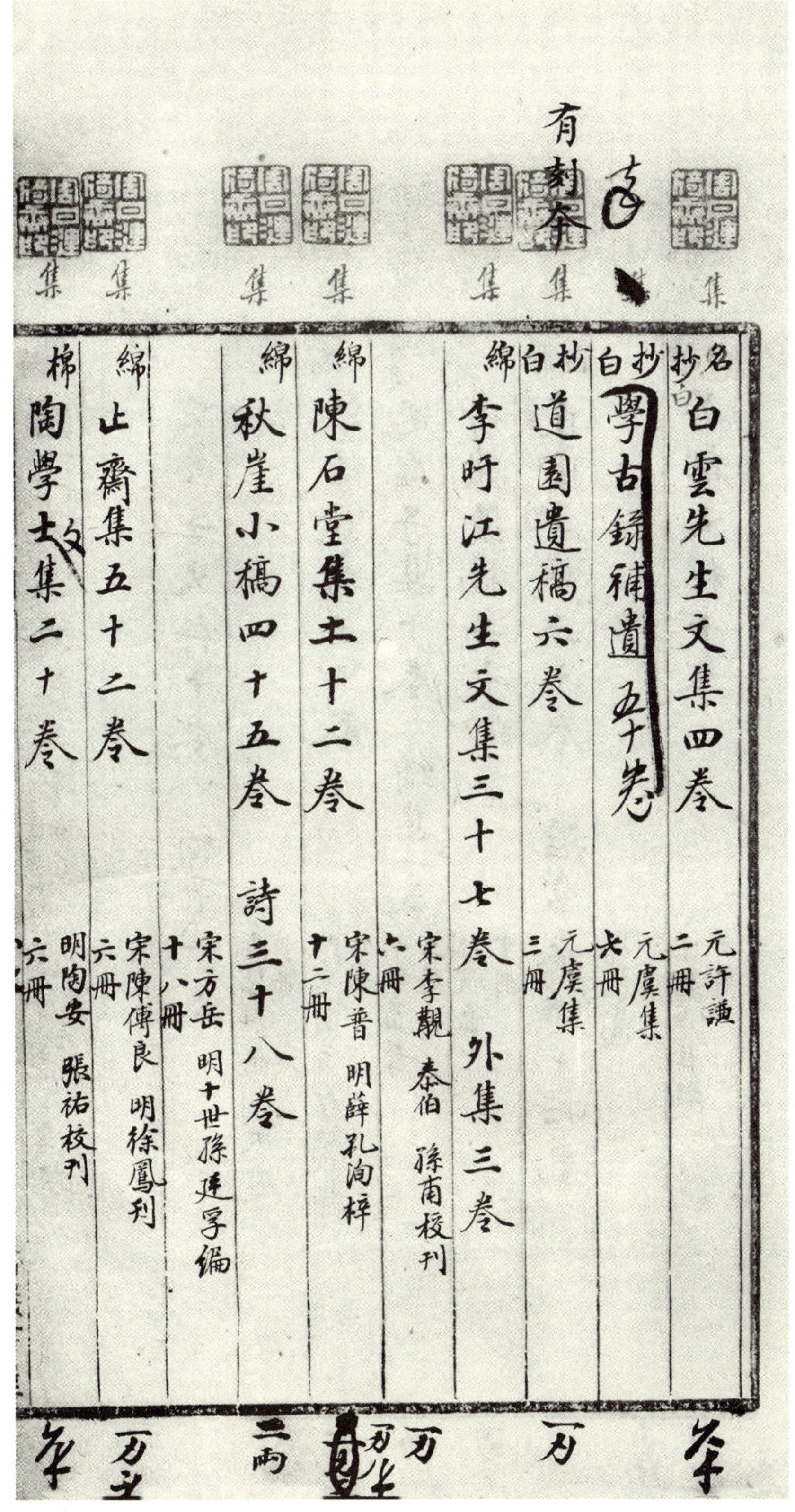

名 抄白 白雲先生文集四卷 元許謙 二册

抄白 學古錄補遺五十卷 元虞集 七册

抄白 道園遺稿六卷 元虞集 三册

綿 李旴江先生文集三十七卷 外集三卷 宋李覯泰伯 孫甫校刊 六册

綿 陳石堂集十二卷 宋陳普 明薛孔洵梓 十二册

綿 秋崖小稿四十五卷 詩三十八卷 宋方岳 明十世孫廷孚編 十八册

綿 止齋集五十二卷 宋陳傅良 明徐鳳刊 六册

棉 陶學士集二十卷 明陶安 張祐校刊 六册

綿　唐三先生文集三十卷　筠軒棄　玩齋元　白雲稿明汪廷芳仲
　　　　　　　　　　　　實梧岡棄頤文鳳子儀　附錄三卷

　　　　　　　　　　　　　　　　　　　共廿冊

　宋學士文粹十卷　補遺一卷
　　　　　　　　　　　　　　明宋濂著　劉基選
　　　　　　　　　　　　　　十冊

綿　李古穰集三十卷
　　　　　　　　　　　　　　明李賢著　程敏政校刊
　　　　　　　　　　　　　　六冊

永樂　逃虛子集十卷　續集一卷
校　　　　　　　　　　　　　　明姚廣孝
　　　　　　　　　　　　　　三冊

　青溪漫稿二十四卷
　　　　　　　　　　　　　　明倪岳
　　　　　　　　　　　　　　十冊

抄　鈐山堂
白　南宮奏議三十卷　歷官奏議十六卷
　　　　　　　　　　　　　　明嚴嵩
　　　　　　　　　　　　　　八冊

抄　吳都文粹十卷
白　　　　　　　　　　　　　　宋鄭虎臣編
　　　　　　　　　　　　　　四冊

178

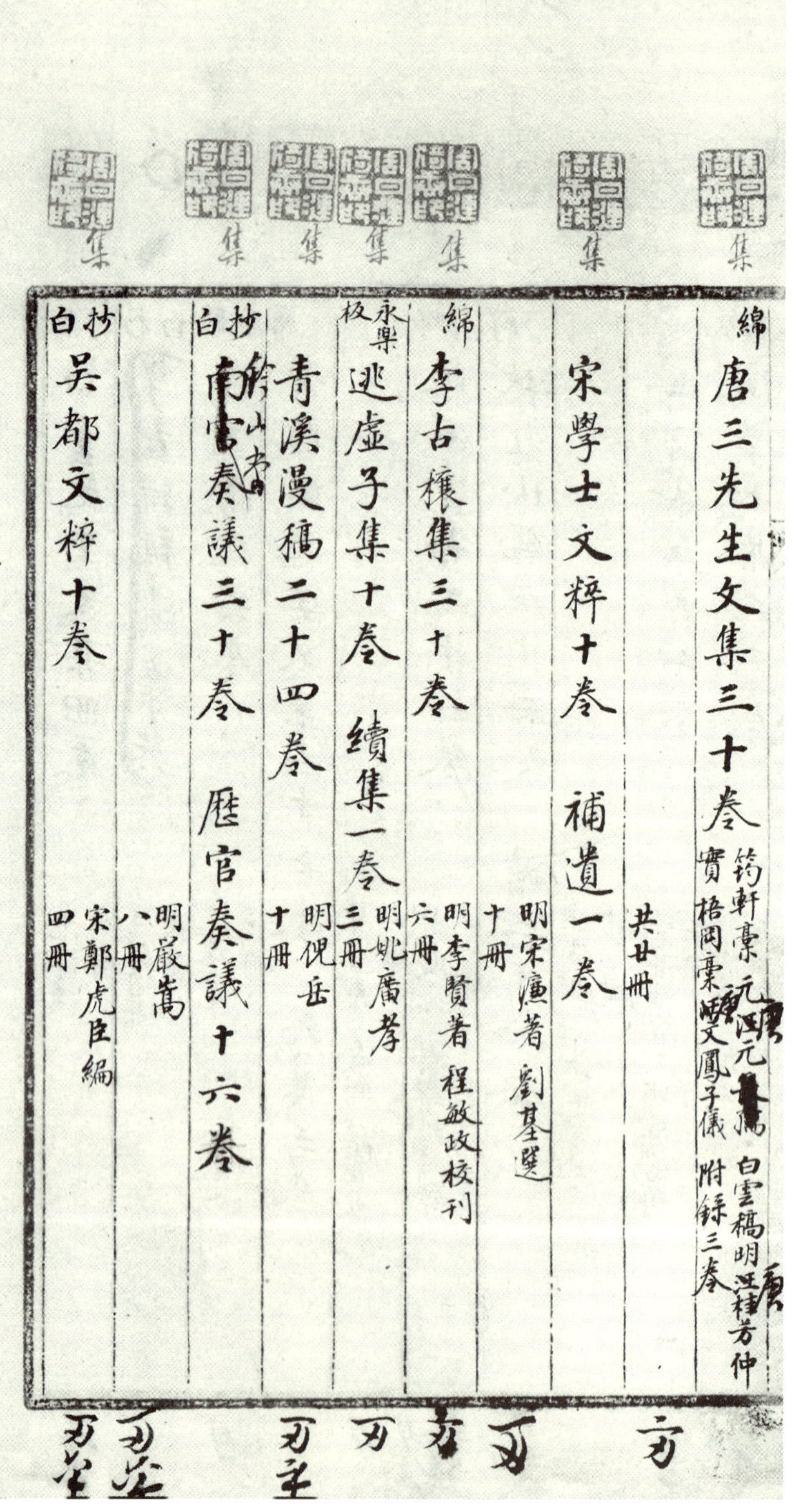

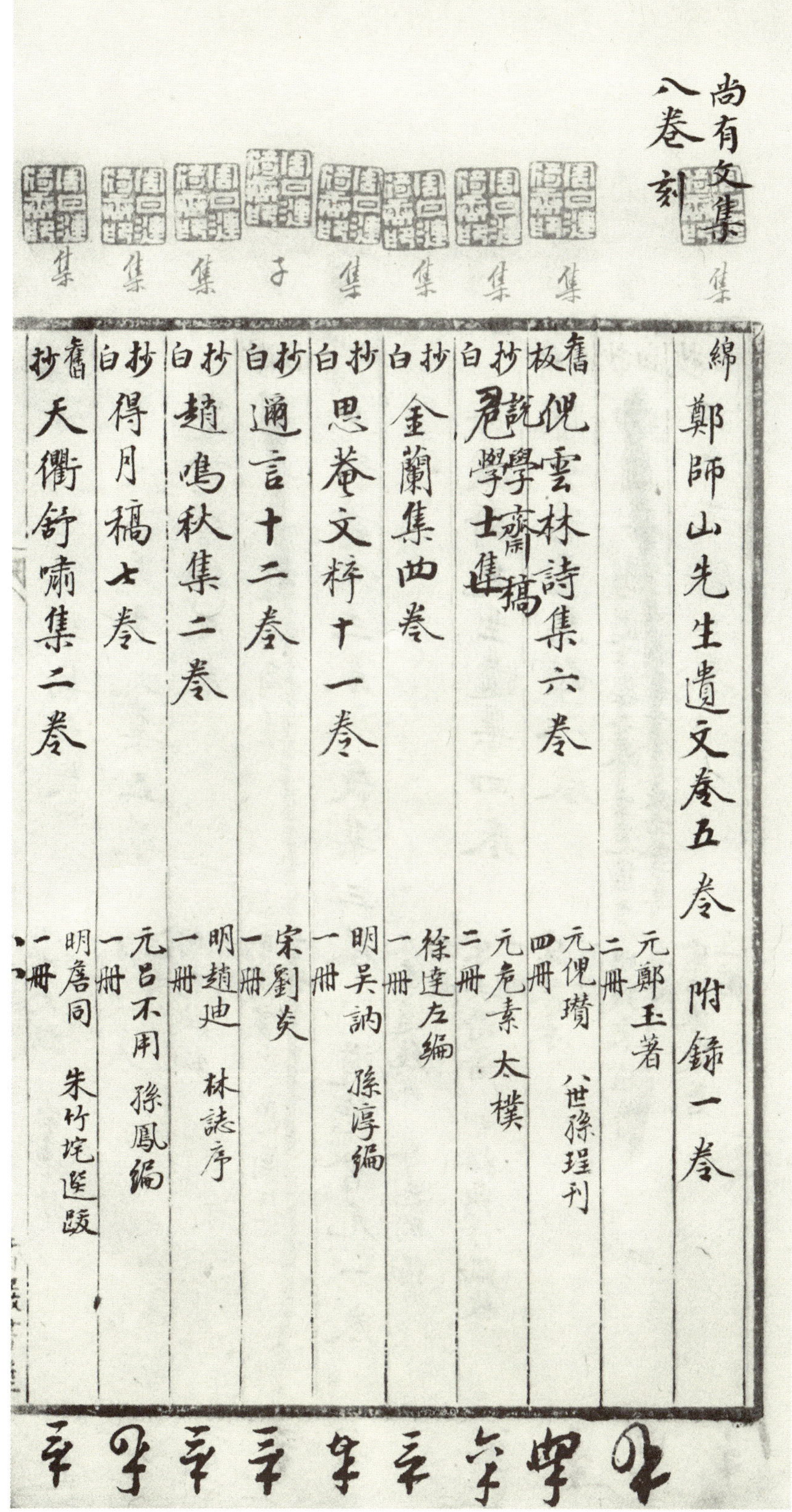
尚有文集八卷刻

綿　鄭師山先生遺文卷五卷附錄一卷　元鄭玉著　二册

舊板　倪雲林詩集六卷　元倪瓚　八世孫珵刊　四册

抄白　乾學齋稿　危學士集　元危素太樸　二册

抄白　金蘭集四卷　徐達左編　一册

抄白　思菴文粹十一卷　明吴訥　孫淳編　一册

抄白　適言十二卷　宋劉炎　一册

抄白　趙鳴秋集二卷　明趙廸　林誌序　一册

抄白　得月稿七卷　元吕不用　孫凰編　一册

舊抄　天衢舒嘯集二卷　明詹同　朱竹垞跋　一册

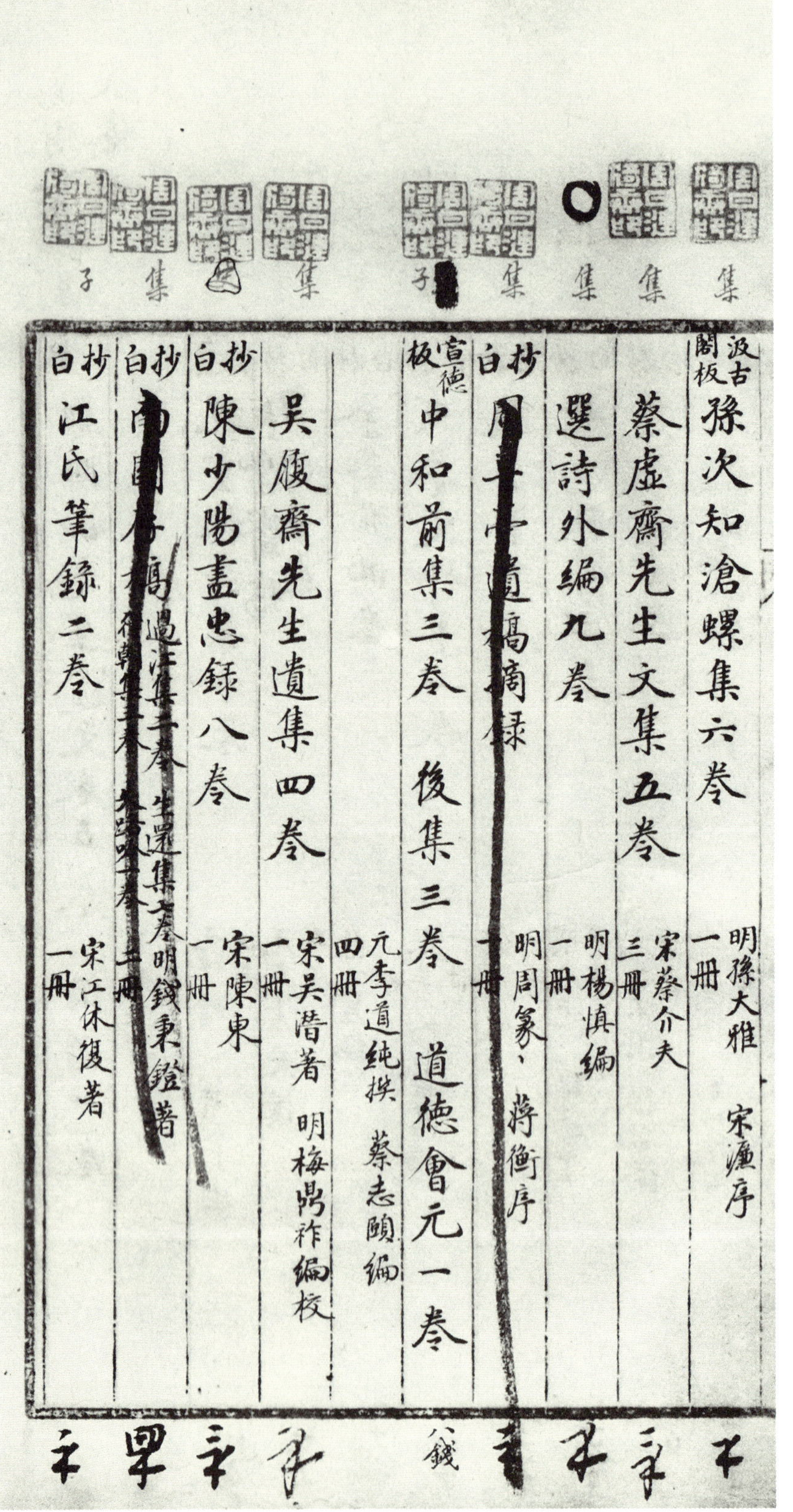

集　集　集　子　集　集　子

汲古閣板　孫次知滄螺集六卷　明孫大雅　宋濂序　一冊

蔡虛齋先生文集五卷　宋蔡介夫　三冊

選詩外编九卷　明楊慎编　一冊

抄白　周[illegible]遺稿摘録　明周篆、蔣衡序　一冊

宣德板　中和前集三卷　後集三卷　道德會元一卷　元李道纯撰　蔡志頤编　四冊

吴履齋先生遺集四卷　宋吴潛著　明梅鼎祚编校　一冊

抄白　陳少陽盡忠録八卷　宋陳東　一冊

抄白　南園存稿　過江集二卷　生還集七卷　明錢秉鐙著　存朝集三卷　失路吟一卷　二冊

抄白　江氏筆録二卷　宋江休復著　一冊

八錢

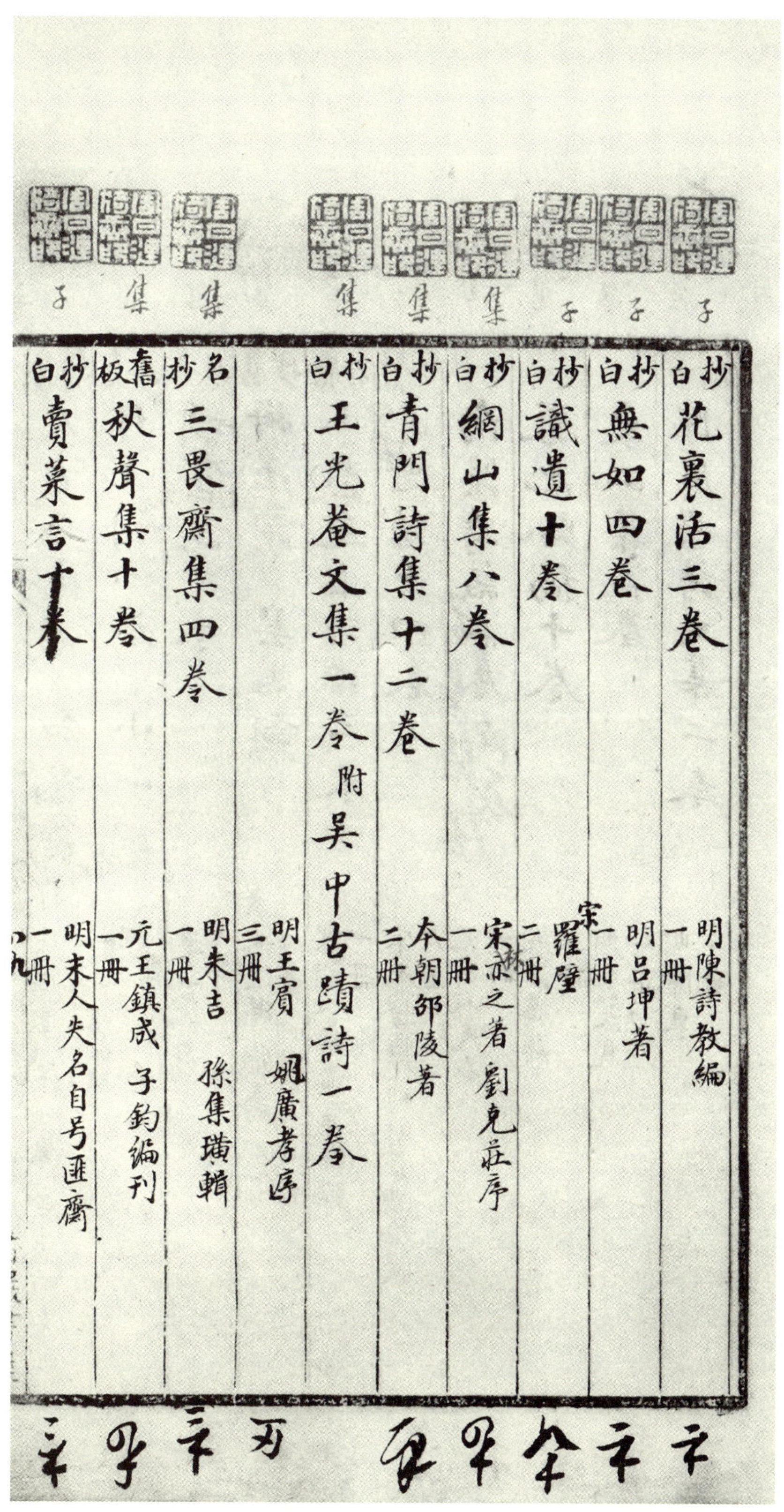
子 抄白 花裏活三卷 明陳詩教編 一册
子 抄白 無如四卷 明吕坤著 一册
子 抄白 識遺十卷 宋羅壁 二册
集 抄白 綗山集八卷 宋林亦之著 劉克莊序 一册
集 抄白 青門詩集十二卷 本朝邵陵著 二册
集 抄白 王光菴文集一卷附吴中古蹟詩一卷 明王賓 姚廣孝序 三册
集 名抄 三畏齋集四卷 明朱吉 孫集璜輯 一册
集 舊板 秋聲集十卷 元王鎮成 子鈞編刊 一册
子 抄白 賣菜言十卷 明末人失名自号匪齋 一册

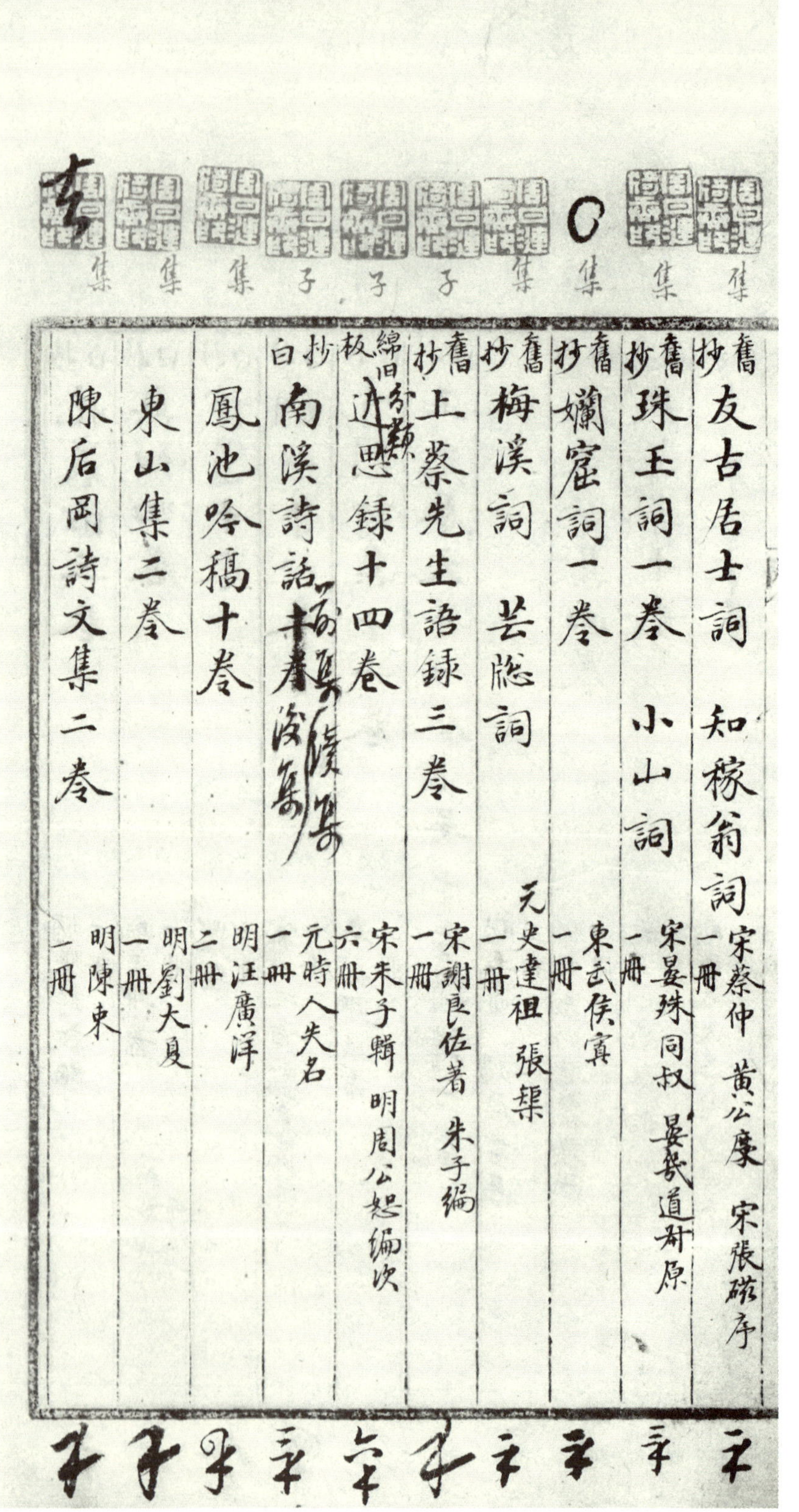

舊抄 友古居士詞 知稼翁詞 宋蔡伸 黃公度 宋張磁序 一冊

舊抄 珠玉詞一卷 小山詞 宋晏殊同叔 晏幾道叔原 一冊

舊抄 孏窟詞一卷 東武侯寘 一冊

舊抄 梅溪詞 芸牕詞 宋史達祖 張榘 一冊

舊抄 上蔡先生語錄三卷 宋謝良佐著 朱子編 一冊

綿板 近思錄十四卷 宋朱子輯 明周公恕編次 六冊

白抄 南溪詩話 元時人失名 一冊

鳳池吟稿十卷 明汪廣洋 二冊

東山集二卷 明劉大夏 一冊

陳后岡詩文集二卷 明陳東 一冊

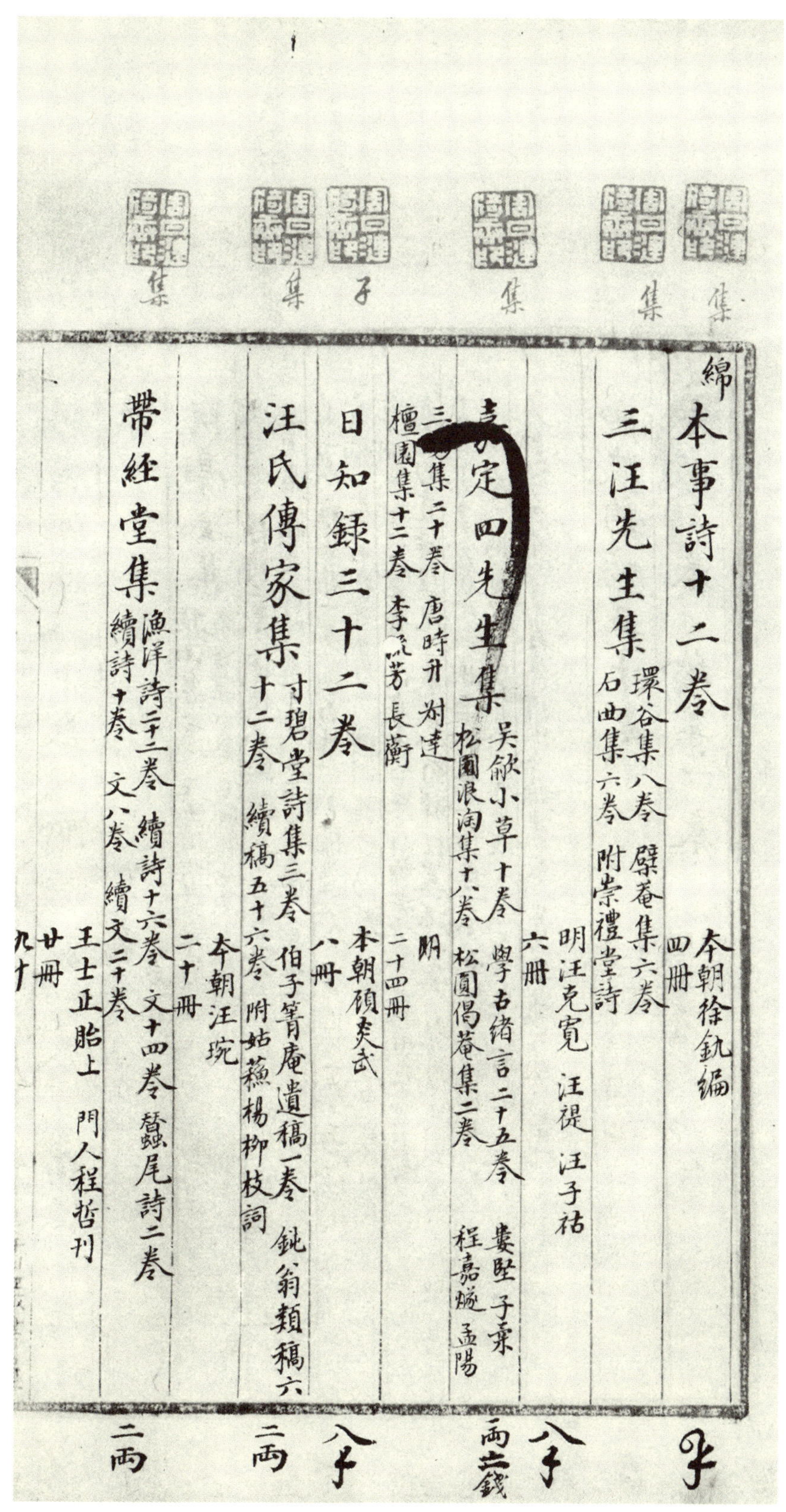
綿本事詩十二卷 本朝徐釚編 四册
三汪先生集 環谷集八卷 檗菴集六卷 石西集六卷 附崇禮堂詩 明汪克寬 汪禔 汪子祜 六册
嘉定四先生集 吴歈小草十卷 學古緒言二十五卷 婁堅子柔 松圓浪淘集十八卷 松圓偈菴集二卷 程嘉燧孟陽 三易集二十卷 唐時升叔達 檀園集十二卷 李流芳長蘅 明 二十四册
日知録三十二卷 本朝顧炎武 八册
汪氏傳家集 寸碧堂詩集三卷 伯子箐庵遺稿一卷 鈍翁類稿六十二卷 續稿五十六卷 附姑蘊楊柳枝詞 本朝汪琬 二十册
帶經堂集 漁洋詩二十二卷 續詩十六卷 文十四卷 蠶尾詩二卷 續詩十卷 文八卷 續文二十卷 王士正貽上 門人程哲刊 廿册

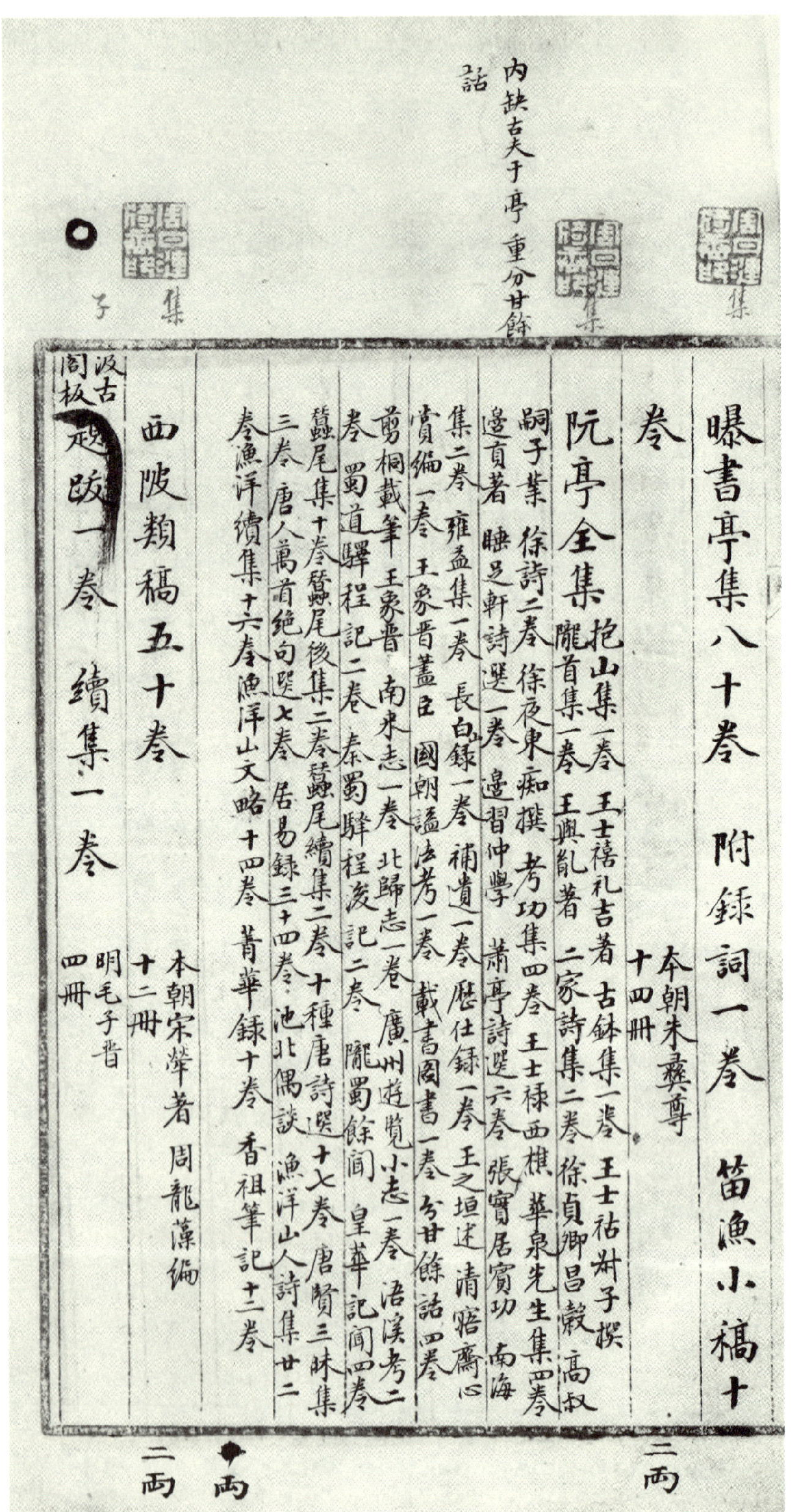
內缺古夫于亭 重分甘餘話

曝書亭集八十卷 附録詞一卷 笛漁小稿十卷 本朝朱彝尊 十四冊

阮亭全集 抱山集一卷 王士禧礼吉著 古鉢集一卷 王士祜子底撰 隴首集一卷 王與胤著 二家詩集二卷 徐禎卿昌穀 高叔嗣子業 徐詩二卷 徐夜東痴撰 考功集四卷 王士禄西樵 華泉先生集四卷 邊貢著 睫巢軒詩選一卷 邊習仲學 蕭亭詩選六卷 張實居賓功 南海集二卷 雍益集一卷 長白録一卷 補遺一卷 歷仕録一卷 王之垣述 清寤齋心賞編一卷 王象晋著 國朝謚法考一卷 載書圖詩一卷 分甘餘話四卷 剪桐載筆 王象晋 南來志一卷 北歸志一卷 廣州遊覧小志一卷 浯溪考二卷 蜀道驛程記二卷 秦蜀驛程後記二卷 隴蜀餘聞 皇華記聞四卷 蠶尾集十卷 蠶尾後集二卷 蠶尾續集二卷 十種唐詩選十七卷 唐賢三昧集三卷 唐人萬首絶句選七卷 居易録三十四卷 池北偶談 漁洋山人詩集廿二卷 漁洋續集十六卷 漁洋山人文略十四卷 菁華録十卷 香祖筆記十二卷

西陂類稿五十卷 本朝宋犖著 周龍藻编 十二冊

汲古閣板 題跋一卷 續集一卷 明毛子晋 四冊

二兩 十兩 二兩

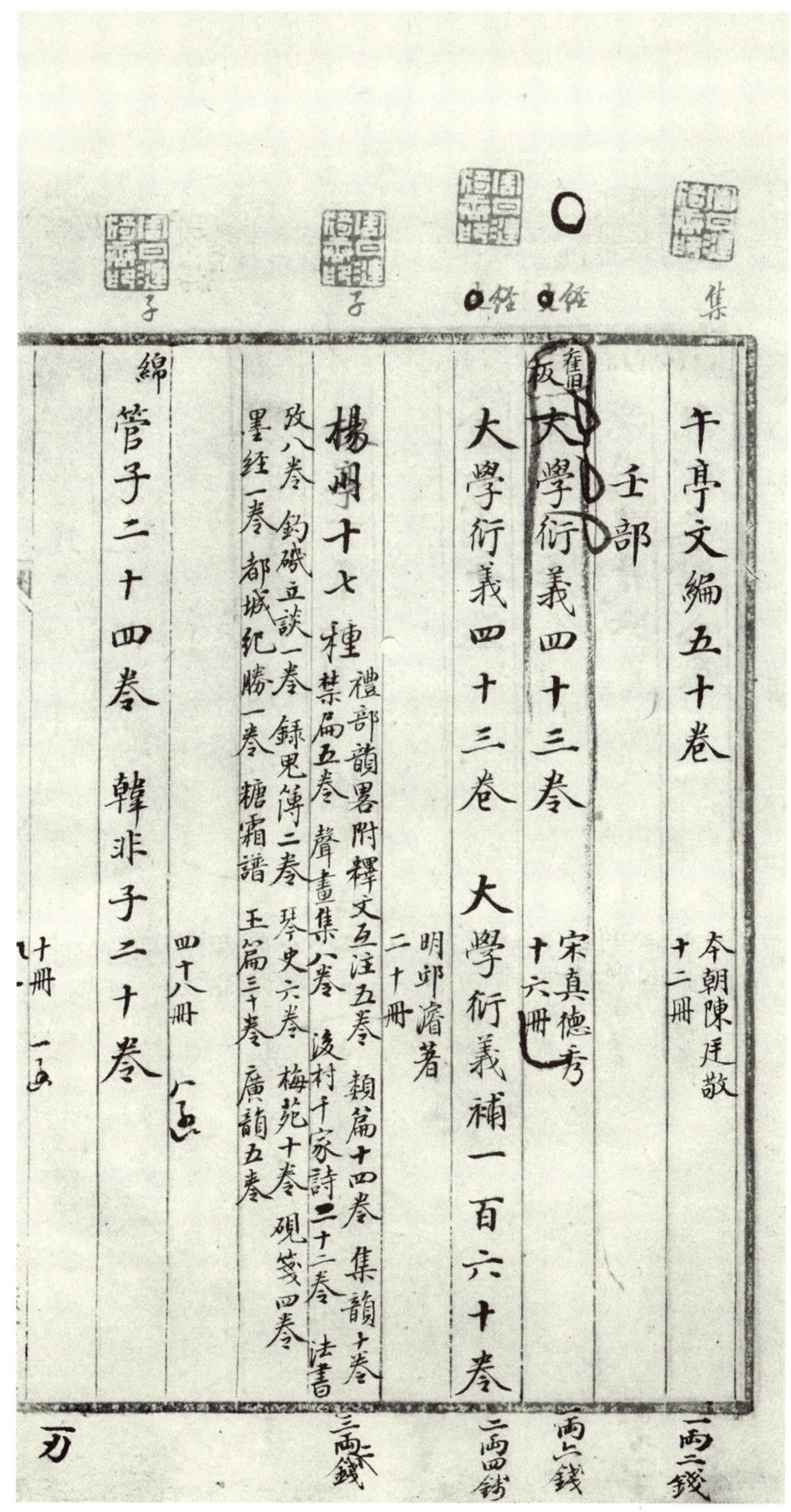

午亭文編五十卷 本朝陳廷敬 十二冊
壬部
大學衍義四十三卷 宋真德秀 十六冊
大學衍義四十三卷 大學衍義補一百六十卷 明邱濬著 二十冊
楊升菴十七種 禮部韻畧附釋文互注五卷 類篇十四卷 集韻十卷 法書
禁扁五卷 聲畫集八卷 淩村千家詩二十二卷
考古八卷 鈞磯立談一卷 録鬼簿二卷 琴史六卷 梅苑十卷 硯箋四卷
墨經一卷 都城紀勝一卷 糖霜譜 玉篇三十卷 廣韻五卷 四十八冊
管子二十四卷 韓非子二十卷 十冊

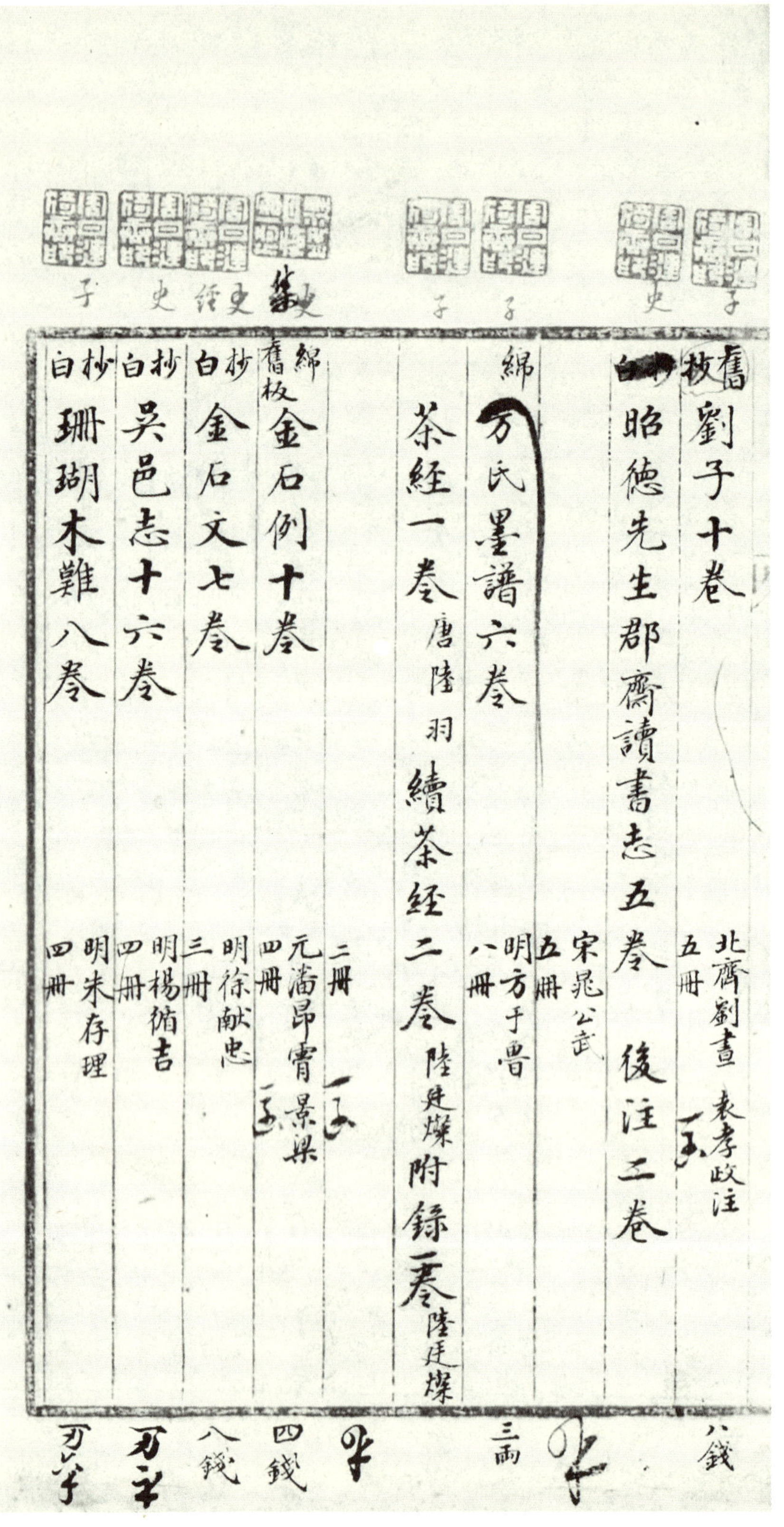
舊校 劉子十卷 北齊劉晝 袁孝政注 五冊 八錢
白抄 昭德先生郡齋讀書志五卷 後注二卷 宋晁公武 五冊
綿 万氏墨譜六卷 明方于魯 八冊 三両
茶經一卷 唐陸羽 續茶經二卷 陸廷燦 附錄一卷 陸廷燦 二冊
綿 舊校 金石例十卷 元潘昂霄景梁 四冊 四錢
白抄 金石文七卷 明徐献忠 三冊 八錢
白抄 吳邑志十六卷 明楊循吉 四冊
白抄 珊瑚木難八卷 明朱存理 四冊

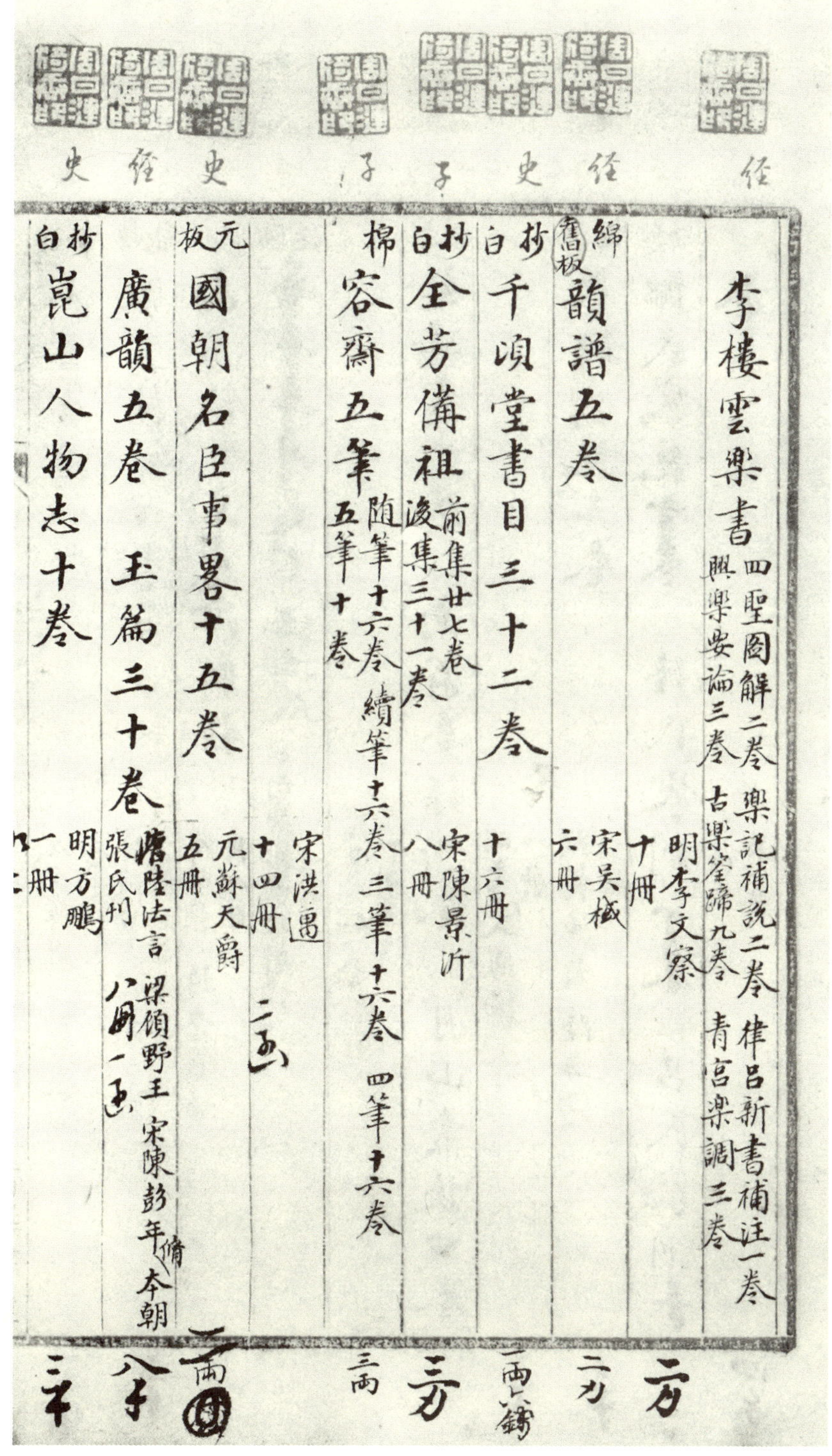

李樓雲樂書 四聖圖解二卷 樂記補説二卷 律呂新書補注一卷 興樂要論三卷 古樂筌蹄九卷 青宮樂調三卷 明李文察 十冊

綿 舊板 韻譜五卷 宋吴棫 六冊

抄白 千頃堂書目三十二卷 十六冊

抄白 全芳備祖前集廿七卷 後集三十一卷 宋陳景沂 八冊

棉 容齋五筆 隨筆十六卷 續筆十六卷 三筆十六卷 四筆十六卷 五筆十卷 宋洪邁 十四冊

元板 國朝名臣事畧十五卷 元蘇天爵 五冊

廣韻五卷 玉篇三十卷 隋陸法言 梁顧野王 宋陳彭年 張氏刊 八冊

抄白 崑山人物志十卷 明方鵬 一冊

秋澗先生王堂嘉話八卷　元王惲　四冊

抄白　使遼語錄二卷　宋陳襄　一冊

抄白　南遷錄冊　張師顏
辛巳泣蘄錄　張師顏　趙与裦編　共一冊

抄白　奉使三州史事記二卷　附何薳二圖史辨誤
奉朝廟羲氏　一冊

抄白　越嶠書六卷　南翁夢錄一卷　月山叢談一卷
明李文鳳編　一冊

抄白　畏軒劄記三卷
明楊廣著　陸海編　一冊

抄白　鄭氏家範一卷　陸氏家制一卷　呂氏家訓十
共一冊

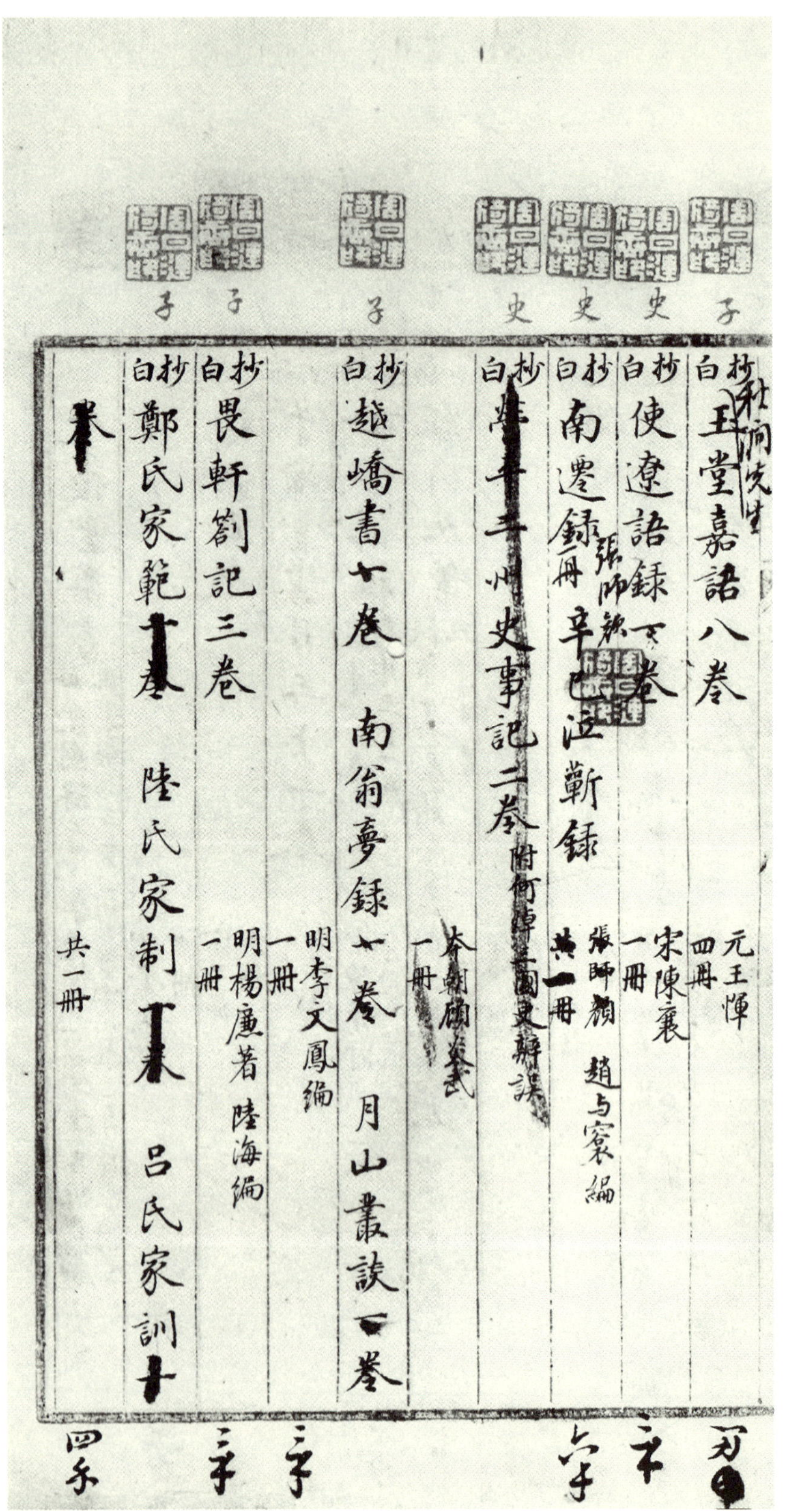

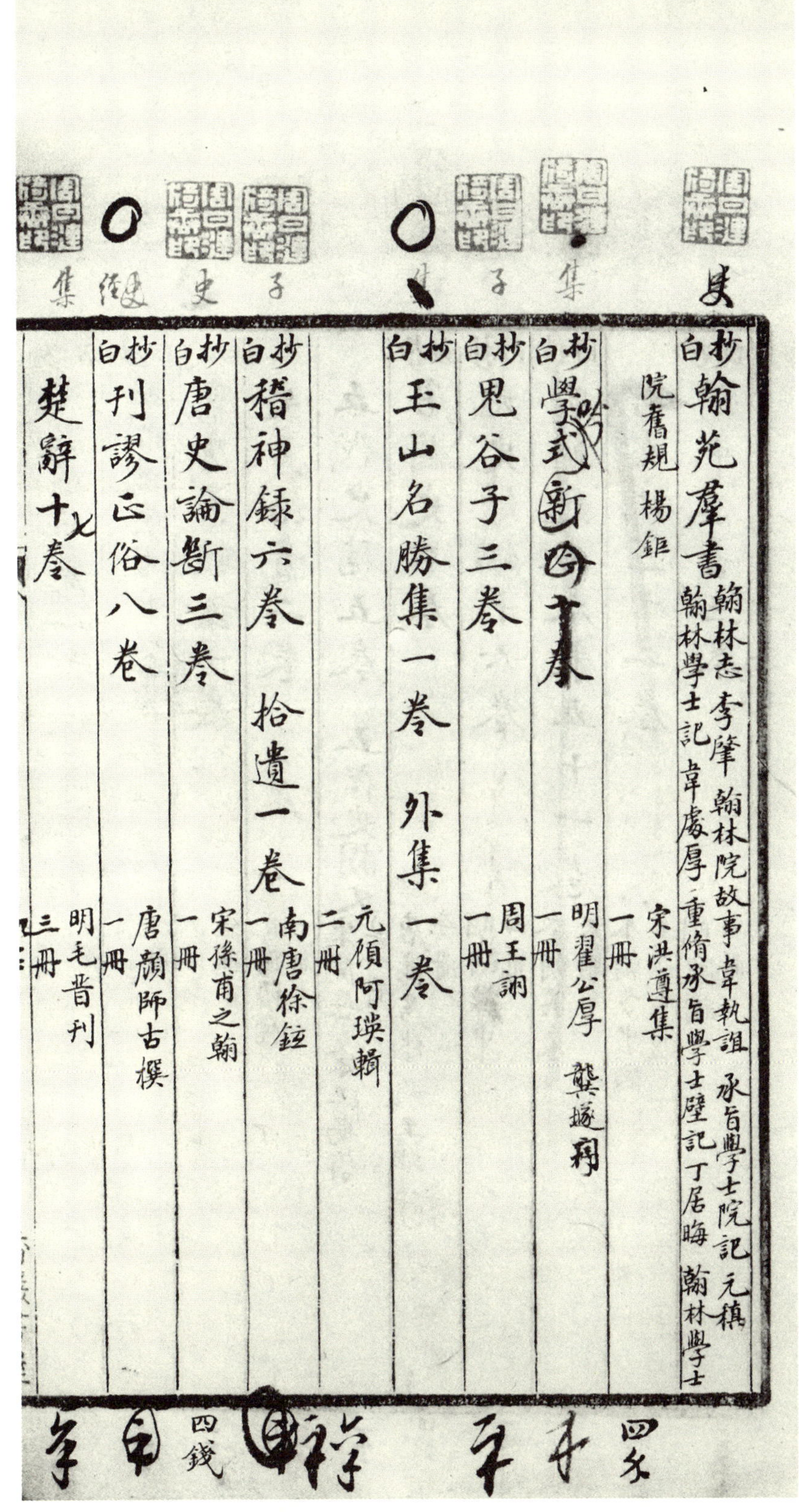

集　繼　史　子　　　　子　集　　史

楚辭十七卷	白刊謬正俗八卷	白唐史論斷三卷	白稽神録六卷　拾遺一卷	白玉山名勝集一卷　外集一卷	白鬼谷子三卷	白學武新□□卷	白翰苑羣書　翰林志　李肇　翰林院故事　韋執誼　承旨學士院記　元稹
明毛晉刊三冊	一冊	唐顏師古撰	南唐徐鉉	元傾阿瑛輯	周王詡	明翟公厚　龔堭	翰林學士記　韋處厚　重脩承旨學士壁記　丁居晦　翰林學士
		一冊	一冊	二冊	一冊	一冊	院舊規　楊鉅
		唐史論斷三卷一冊	宋孫甫之翰一冊				宋洪遵集
							一冊

楷　日　国　禅　　平　手　四日

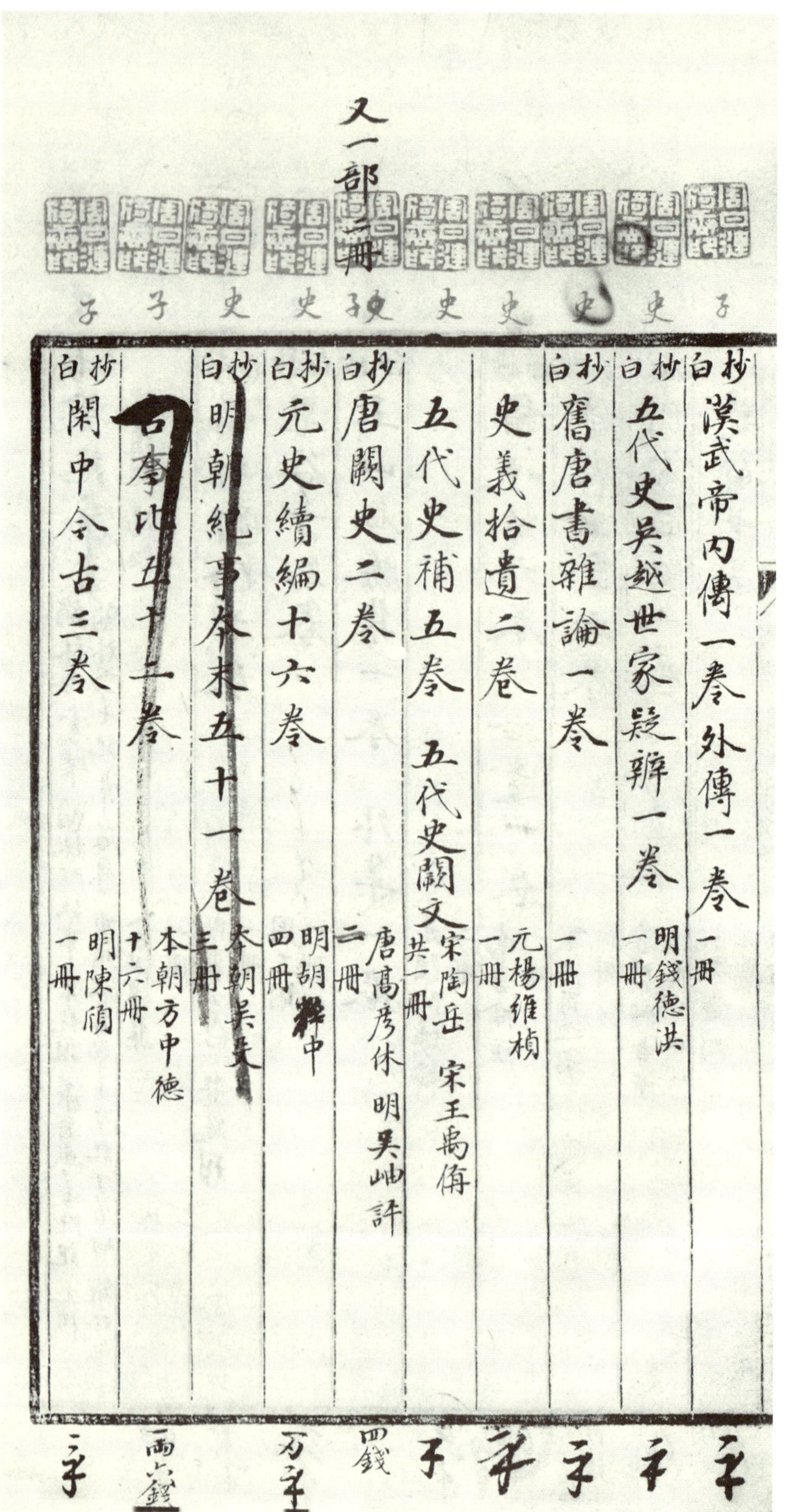

又一部二册

白抄 漢武帝内傳一卷外傳一卷 一册

白抄 五代史吴越世家疑辨一卷 明錢德洪 一册

白抄 舊唐書雜論一卷 一册

史義拾遺二卷 元楊維楨 一册

五代史補五卷 五代史闕文 宋陶岳 宋王禹偁 共一册

白抄 唐闕史二卷 唐高彦休 明吴岫評 二册

白抄 元史續編十六卷 明胡粹中 四册

白抄 明朝紀事本末五十一卷 本朝谷應泰 三册

古今比五十二卷 本朝方中德 十六册

白抄 閩中今古三卷 明陳俯 一册

子　經　史　史　史　史　御　史

廣博物志五十卷　明董斯張　二十冊

綿　鐘場宇源五卷　本朝汪若君　三冊

舊抄　翰林絕二十卷　明黄秦撰　六冊

舊抄　唐律疏義三十卷　唐長孫無忌　十六冊

抄　明一統志九十卷　明李賢　四十冊

白抄　太平寰宇記二百卷　宋樂史　四十冊

白抄　輿地廣記三十八卷　宋歐陽忞　四冊

皇輿衰十六卷　本朝喇沙里撲叙等總裁　二五冊

水經四十卷　漢桑欽撰　山海經十八卷　晉郭璞傳　本朝項絪刊　共十二冊

二两　　三两　　两六錢　　十二两　　五两　　四两　　二方

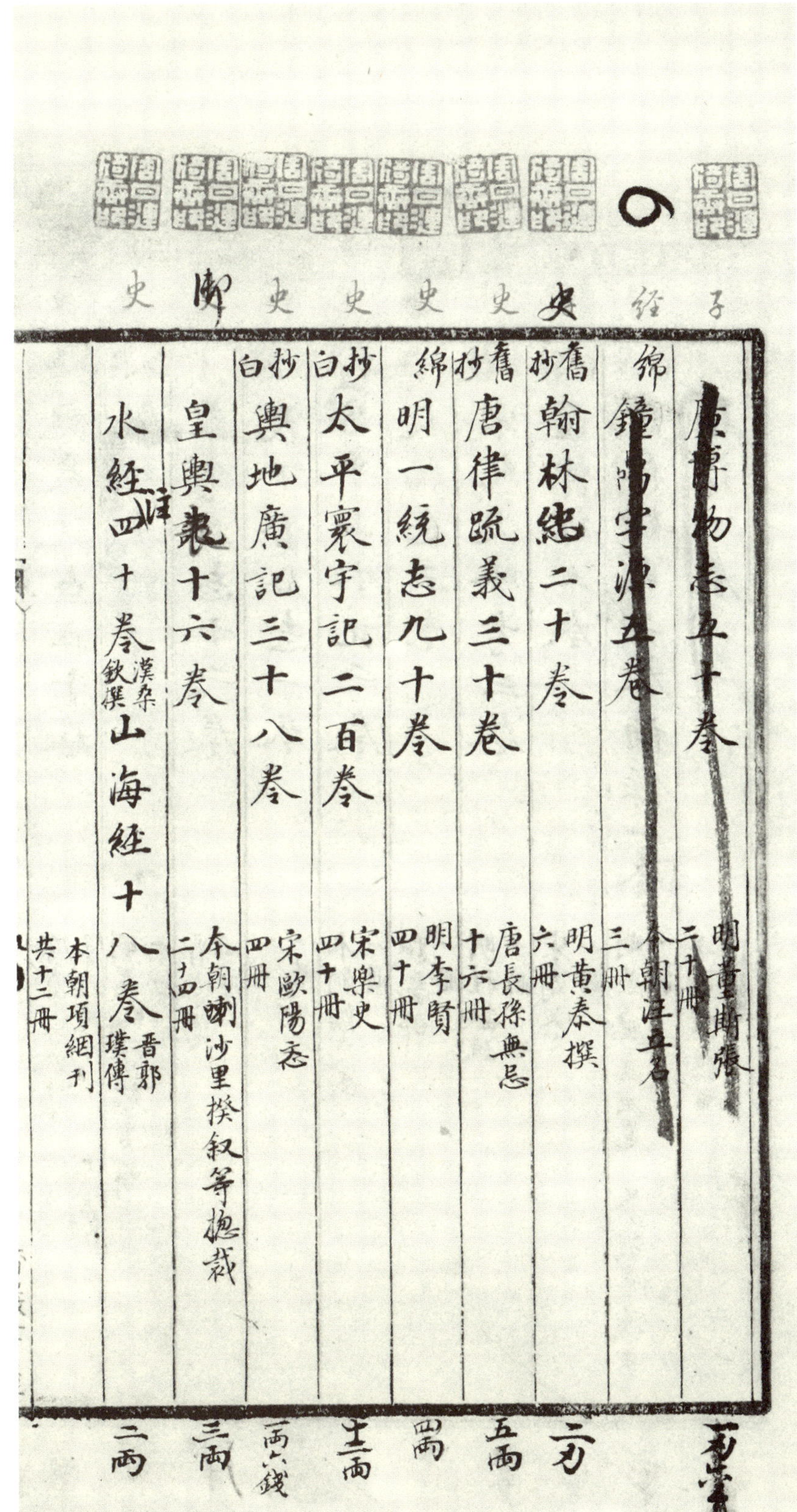

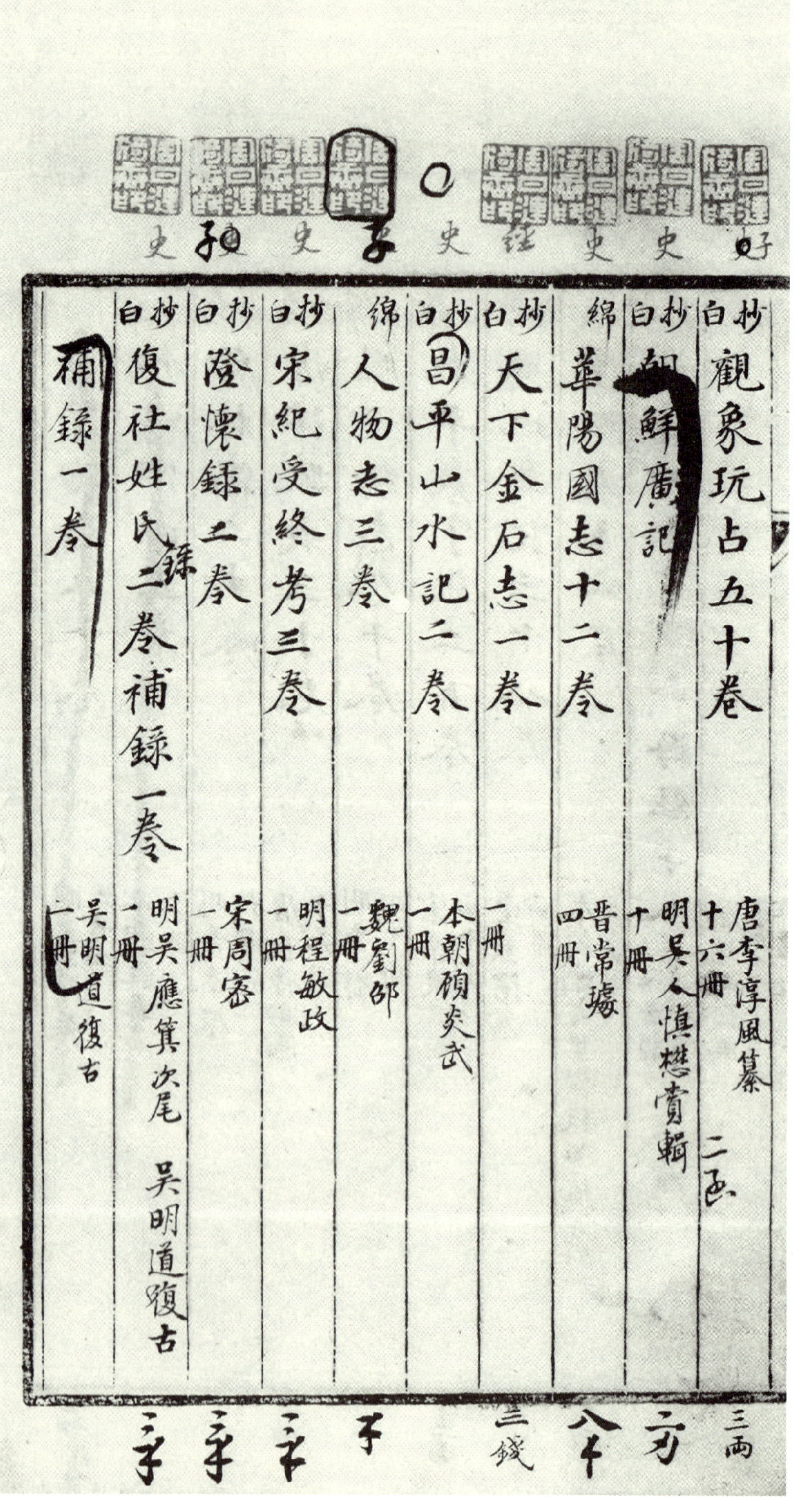

史　抄白　觀象玩占五十卷　唐李淳風纂　十六冊　二函　三兩

史　抄白　朝鮮廣記　明吳人慎懋賞輯　十冊　二兩

史　綿　華陽國志十二卷　晉常璩　四冊　八千

史　抄白　天下金石志一卷　一冊　三錢

史　抄白　昌平山水記二卷　本朝顧炎武　一冊

史　綿　人物志三卷　魏劉邵　一冊　千

史　抄白　宋紀受終考三卷　明程敏政　一冊　三千

史　抄白　澄懷錄二卷　宋周密　一冊　三千

史　抄白　復社姓氏錄二卷補錄一卷　明吳應箕次尾　吳明道復古　一冊　三千

補錄一卷　吳明道復古　一冊

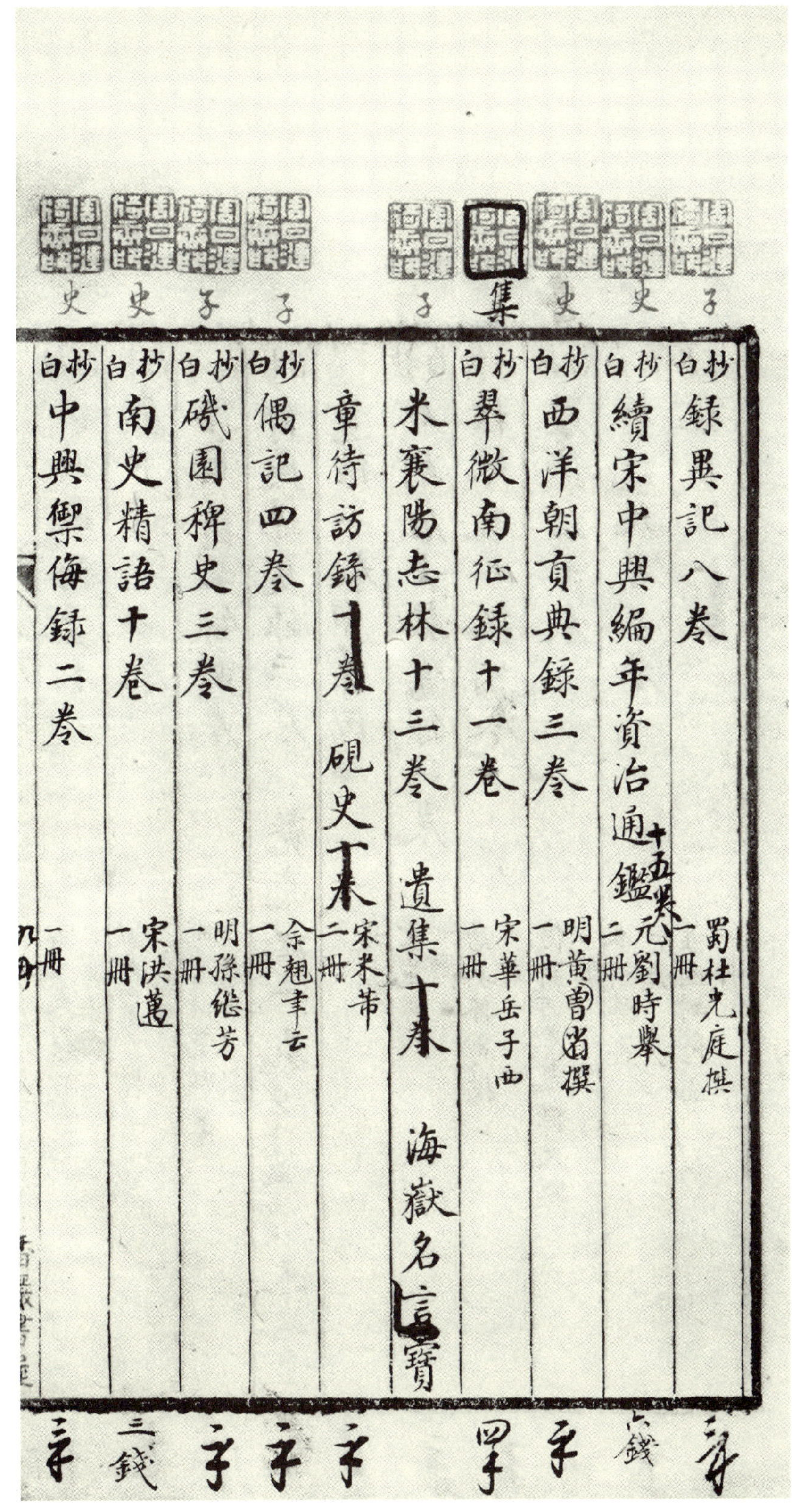

子　抄白　錄異記八卷　蜀杜光庭撰　一冊　[illegible]

史　抄白　續宋中興編年資治通鑑十五卷　元劉時舉　二冊　六錢

史　抄白　西洋朝貢典錄三卷　明黃省曾撰　一冊　[illegible]

子　抄白　翠微南征錄十一卷　宋華岳子西　一冊　[illegible]

集　米襄陽志林十三卷　遺集一卷　海嶽名言一卷　寶章待訪錄一卷　硯史一卷　宋米芾　二冊　[illegible]

子　抄白　偶記四卷　佘翹聿云　一冊　[illegible]

子　抄白　礙園稗史三卷　明孫繼芳　一冊　[illegible]

史　抄白　南史精語十卷　宋洪邁　一冊　三錢

史　抄白　中興禦侮錄二卷　一冊　[illegible]

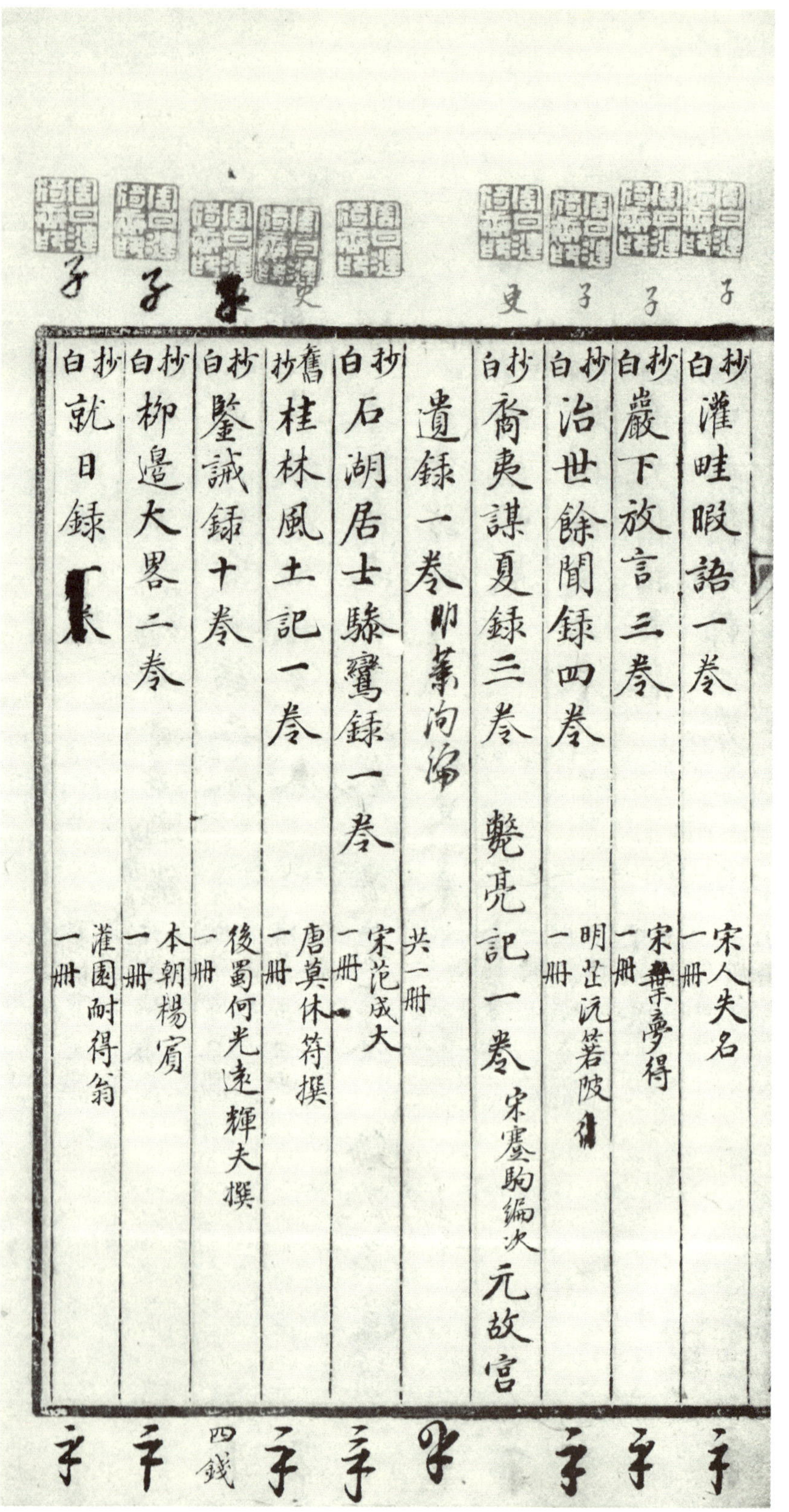
抄白 灌畦暇語一卷 宋人失名 一册
抄白 巖下放言三卷 宋葉夢得 一册
抄白 治世餘聞録四卷 明芷沅碧陂 一册
抄白 裔夷謀夏録三卷 甕亮記一卷 宋蹇駒編次 元故宫遺録一卷 明蕭洵 共一册
抄白 石湖居士驂鸞録一卷 宋范成大 一册
舊抄 桂林風土記一卷 唐莫休符撰 一册
抄白 鑒誡録十卷 後蜀何光遠輝夫撰 一册
抄白 柳邉大畧二卷 本朝楊賓 一册
抄白 就日録一卷 灌園耐得翁 一册
四錢

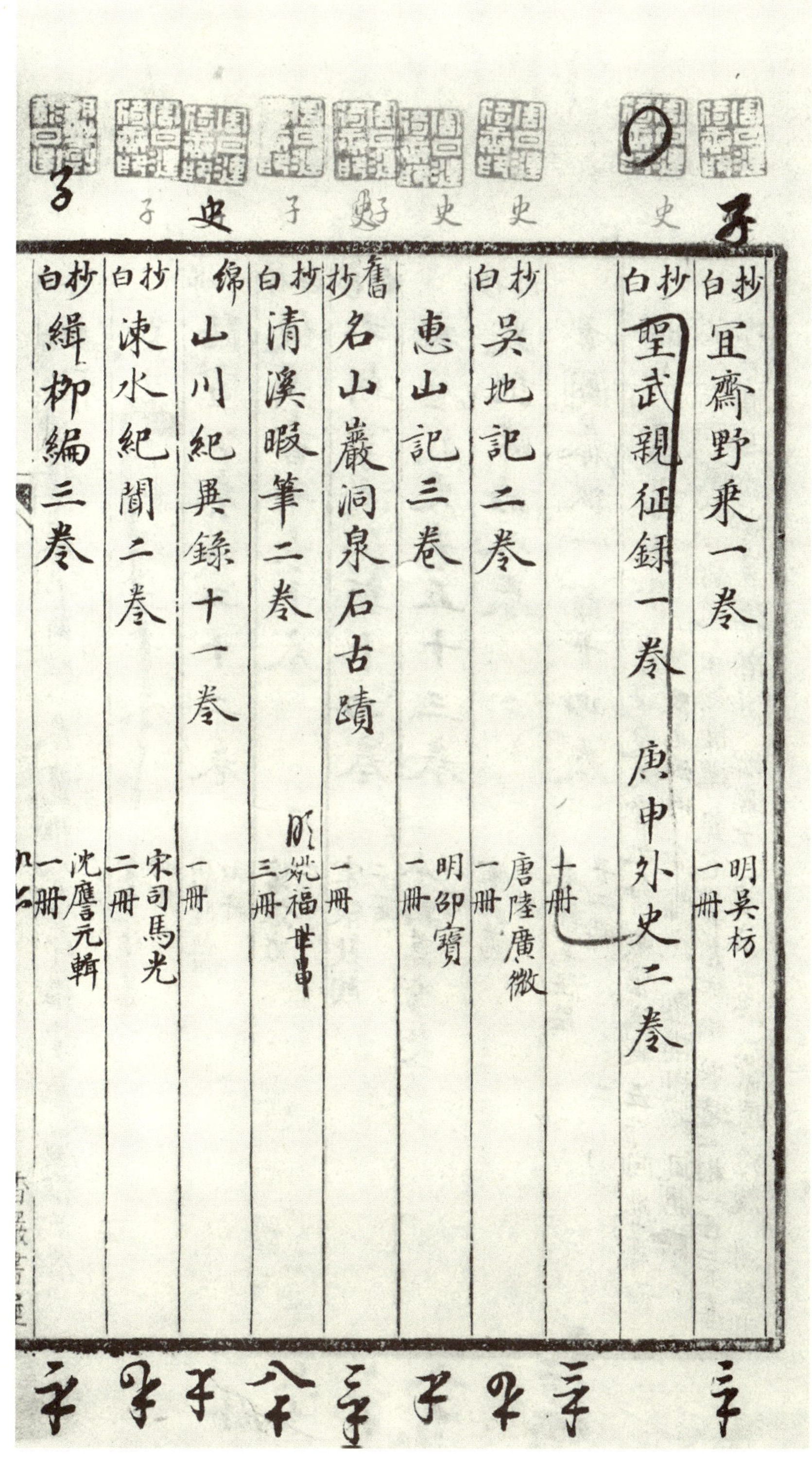

子 抄白 宜齋野乘一卷 明吴杨 一册
史 抄白 聖武親征録一卷 庚申外史二卷 十册
史 抄白 吴地記二卷 唐陸廣微 一册
史 惠山記三卷 明邵寶 一册
子 舊抄 名山巖洞泉石古蹟 一册
子 抄白 清溪暇筆二卷 明姚福 撰 三册
史 綿 山川紀異録十一卷 一册
子 抄白 涑水紀聞二卷 宋司馬光 二册
子 抄白 緝柳編三卷 沈鏖元輯 一册

又一部抄白一冊

經 史 集 史 史 史 史 史 子

爾雅三卷 小爾雅一卷 翼雅八卷 埤雅二十卷 廣雅十卷 六冊

新唐書糾繆二十卷 宋吴縝纂 四冊

綿 陸宣公奏議二十二卷 唐陸贄 四冊

抄白 後漢書年表十卷 宋熊方 二冊

抄白 六朝事迹編類十四卷 宋張敦頤 二冊

補歷代史表五十三卷 本朝萬季楚 八冊

抄白 史記法語八卷 宋洪邁 一冊

十國春秋一百十四卷 本朝吴任臣 十二冊

昭代叢書五十種 更定文章九命 天官攷異 五行問 學曆說 攷元攷同 進賢說 塾講規約 風興語

家人子語 說小 心病說 日録襍說 觀宅四十吉祥相 增定心相一百二十善

竹溪襍述 閒餘筆話 悟語 松溪子 讀莊子法 蒙養詩教 謝皋羽

一兩 一兩 六錢 六錢 八錢 三錢 二 千兩

子 集 史

年譜 西華仙録 將就園記 歙問 黄山松石譜 外國竹枝詞 西方要記
安南雜記 板橋雜記 花底拾遺 十眉謡 秋星閣詩話 西菴詩話
製曲枝語 書法約言 戒賭文 快説續紀 痩詞 酒社芻言 懶園觴政
岕茶彙鈔 硯林 宣爐歌注 裝潢志 混同天牌譜 三友棋譜 兵仗記
荔枝譜 蘭言 龍經 本朝張潮輯 六冊

昭代叢書乙集五十種 毛朱詩説 春秋三傳同異攷 讀禮問 十六國年表 第十一段錦 江南星野攷
廣祀典議 師友行輩議 國朝謚法攷 旗軍志 封長白山記 紀琉球入太學
始末 人瑞録 紀忠録 恩賜御書紀 恭迎大駕紀 暢春苑御試恭紀
出山異數記 奏對機緣 塞程別紀 西北水利紀 廣州遊覽小志 隴蜀餘聞
東西二漢水辯 日録裏言 偶書 漫堂説詩 燃脂集例 聲韻叢説
伯子論文 日録論文 韻問 南曲入聲客問 連文釋義 畫訣 焦山古鼎攷
瘞鶴銘辯 昭陵六駿圖辯 甘泉宮瓦攷 飯有十二合説 醫津一筏
花甲數譜 江村草堂紀 荔社紀事 後觀石録 石友贊 畫眉筆談 蛇譜
竹譜 箋卉 六冊

叩彈集十二卷 續集三卷 本朝杜詔 杜庭珠合選 四冊

香傳閣鈔本雜録 南燼紀聞 竊憤録 續録 阿計替傳 燕北録
虜廷事實 聖武親征録 庚申外史 二冊

六千 六千 四錢 四千

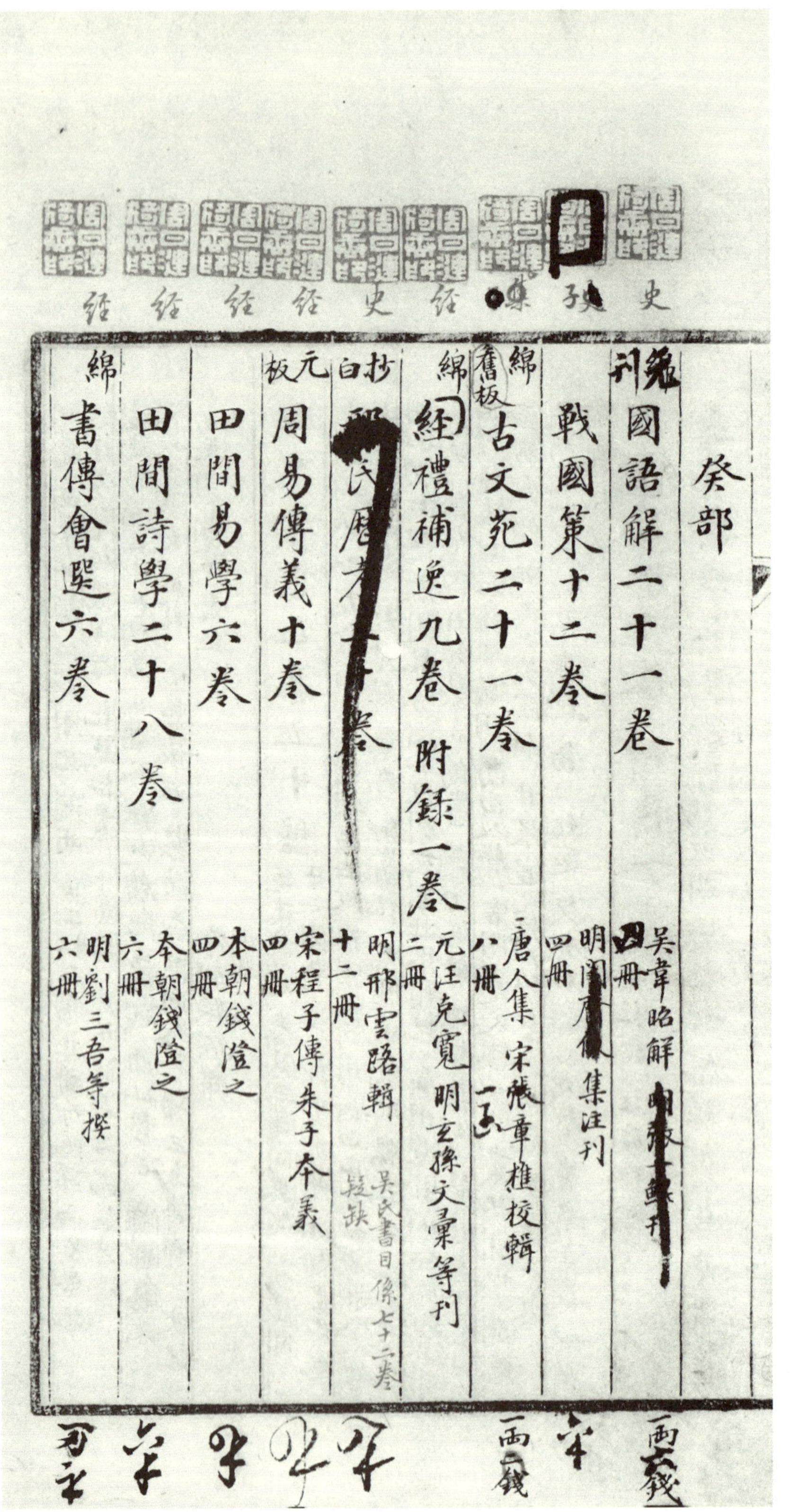

癸部

國語解二十一卷 吳韋昭解 四冊

戰國策十二卷 明閔齊伋集注刊 四冊

古文苑二十一卷 唐人集 宋章樵校輯 八冊

經禮補逸九卷 附録一卷 元汪克寬 明玄孫文彙等刊 二冊

邢氏歷考二十卷 明邢雲路輯 吳氏書目係七十二卷 疑缺 十二冊

周易傳義十卷 宋程子傳 朱子本義 四冊

田間易學六卷 本朝錢澄之 四冊

田間詩學二十八卷 本朝錢澄之 六冊

書傳會選六卷 明劉三吾等撰 六冊

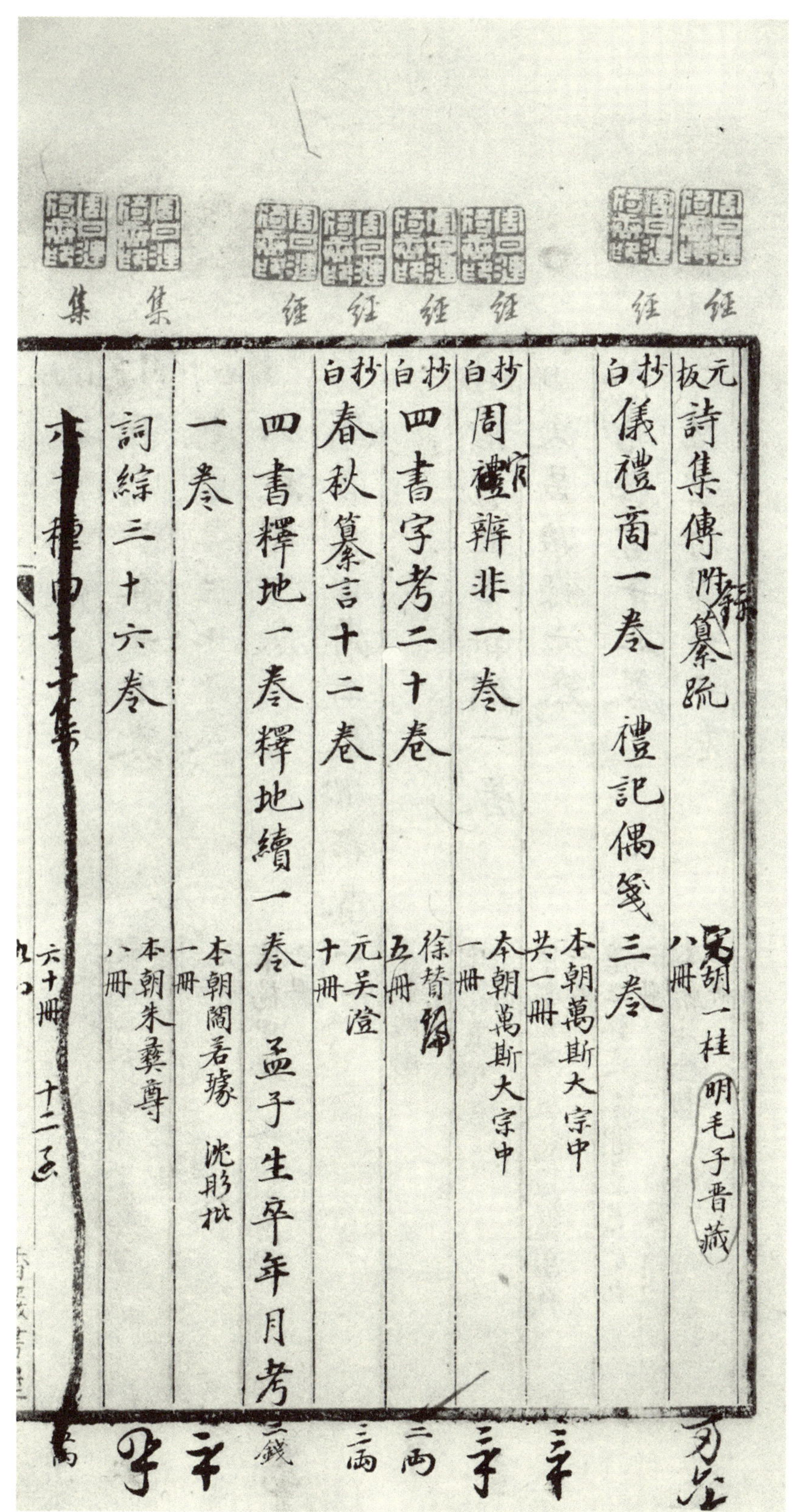

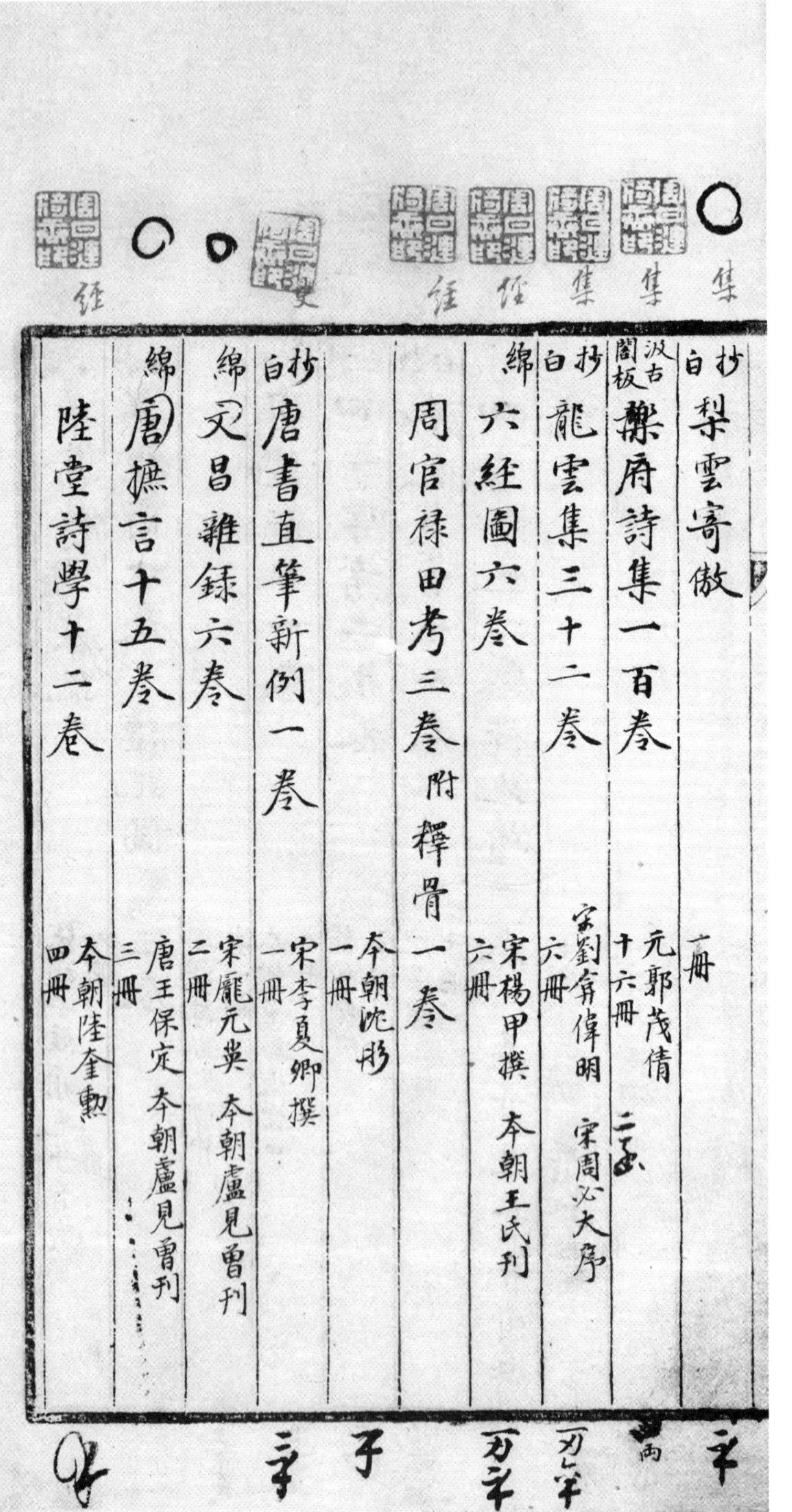

梨雲寄傲　一册

汲古閣板樂府詩集一百卷　元郭茂倩　十六册

龍雲集三十二卷　宋劉弇偉明　宋周必大序　六册

六經圖六卷　宋楊甲撰　本朝王氏刊　六册

周官禄田考三卷附釋骨一卷　本朝沈彤　一册

唐書直筆新例一卷　宋李夏卿撰　一册

文昌雜録六卷　宋龐元英　本朝盧見曾刊　二册

唐摭言十五卷　唐王保定　本朝盧見曾刊　三册

陸堂詩學十二卷　本朝陸奎勳　四册

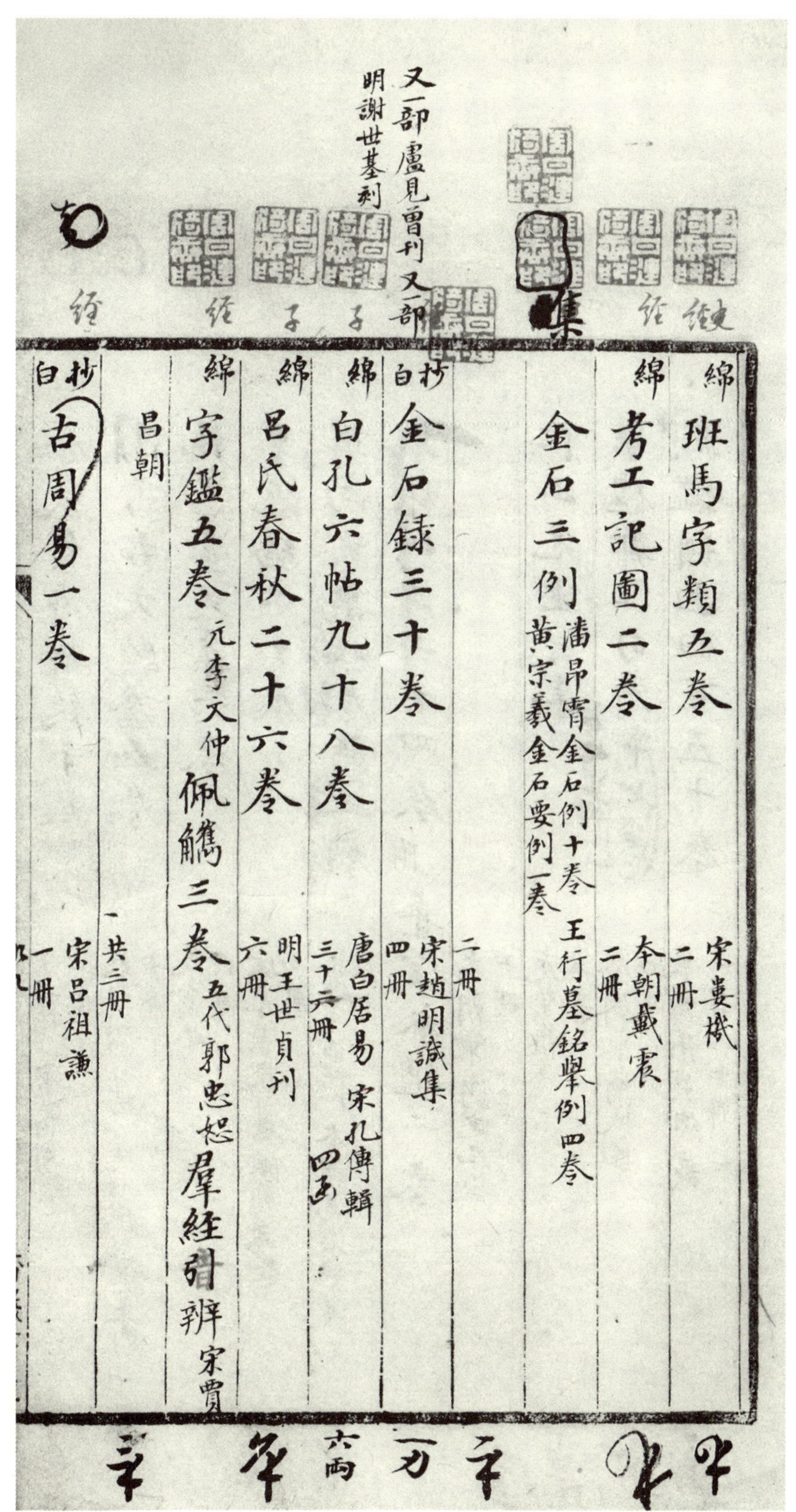
又一部盧見曾刊　又一部明謝世基刊

綿　班馬字類五卷　宋婁機　二冊

綿　考工記圖二卷　本朝戴震　二冊

金石三例　潘昂霄金石例十卷　王行墓銘舉例四卷　黃宗羲金石要例一卷　二冊

抄白　金石録三十卷　宋趙明誠集　四冊

綿　白孔六帖九十八卷　唐白居易　宋孔傳輯　三十六冊　四函

綿　呂氏春秋二十六卷　明王世貞刊　六冊

綿　字鑑五卷　元李文仲　佩觿三卷　五代郭忠恕　羣經音辨　宋賈昌朝　一共三冊

抄白　古周易一卷　宋呂祖謙　一冊

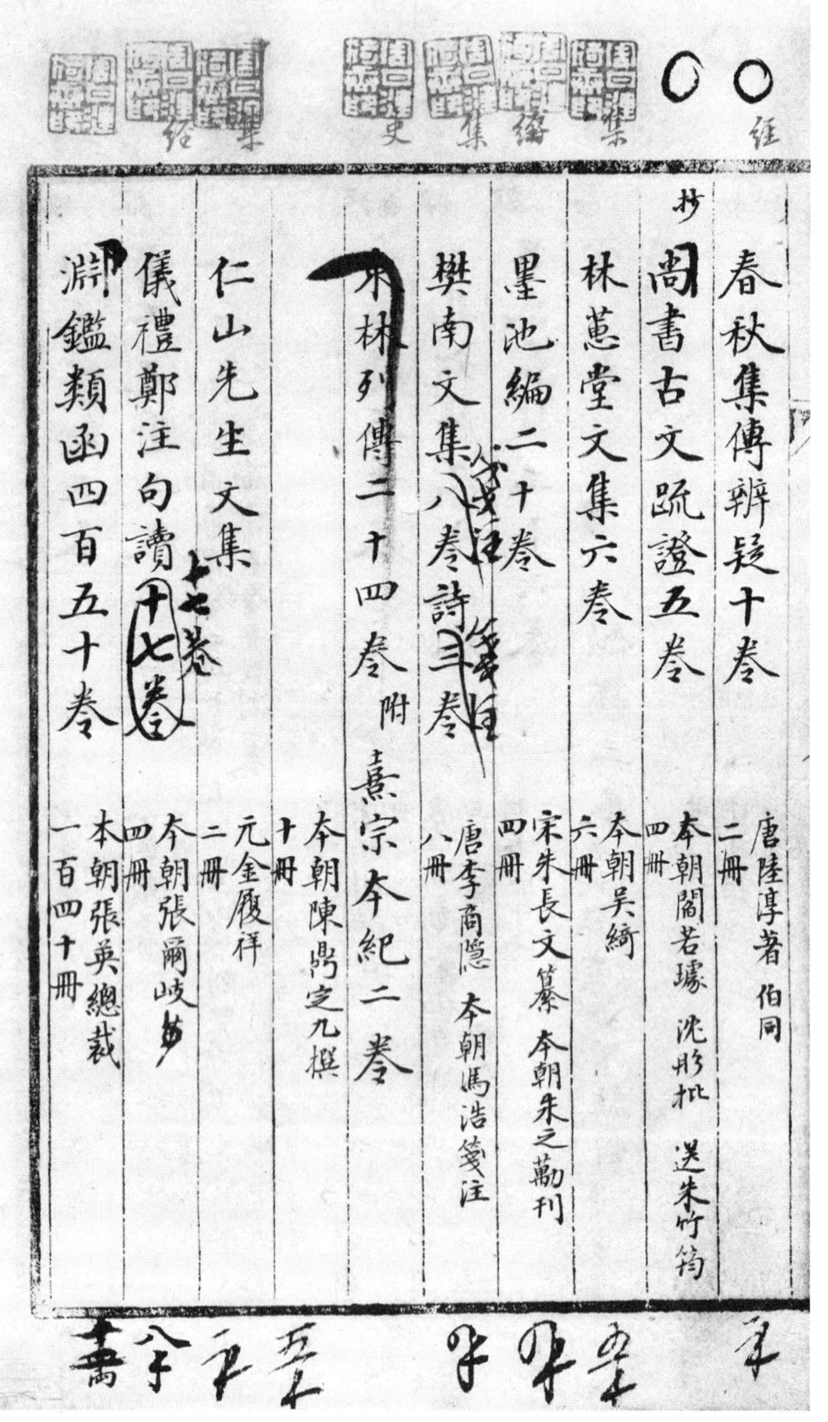

春秋集傳辨疑十卷 唐陸淳著 二册 伯同

尚書古文疏證五卷 本朝閻若璩 四册 沈彤批 送朱竹筠

林蕙堂文集六卷 本朝吴綺 六册

墨池編二十卷 宋朱長文纂 本朝朱之蕃刊 四册

樊南文集八卷詩三卷 唐李商隱 本朝馮浩箋注 八册

木林列傳二十四卷附熹宗本紀二卷 本朝陳鶴定九撰 十册

仁山先生文集 元金履祥 二册

儀禮鄭注句讀十七卷 本朝張爾岐 四册

淵鑑類函四百五十卷 本朝張英總裁 一百四十册

潛確類書一百二十卷 明陳仁錫輯 四十八冊 八函

漢魏六朝一百三家集 明張溥集 六十四冊

賈長沙集一卷 司馬文園集一卷 董膠西集一卷 東方大中集一卷
褚先生集一卷 王諫議集一卷 劉中壘集一卷 揚侍郎集一卷
劉子駿集一卷 馮曲陽集一卷 班蘭臺集一卷 崔亭伯集一卷
張河間集二卷 李蘭臺集一卷 馬季常集一卷 荀侍中集一卷
蔡中郎集二卷 王叔師集一卷 孔少府集一卷 諸葛丞相集一卷
魏武帝集一卷 魏文帝集二卷 陳思王集二卷 陳記室集一卷
王侍中集一卷 阮元瑜集一卷 劉公幹集一卷 應德璉集一卷
應休璉集一卷 阮步兵集一卷 嵇中散集一卷 鍾司徒集一卷
杜征南集一卷 荀公曾集一卷 傅鶉觚集一卷 張司空集一卷
孫馮翊集一卷 摯太常集一卷 束廣微集一卷 夏侯常侍集一卷
潘黃門集二卷 傅中丞集一卷 潘太常集一卷 陸平原集二卷
陸清河集二卷 成公子安集一卷 張孟陽集一卷 張景陽集一卷
劉越石集一卷 郭弘農集二卷 王右軍集二卷 王大令集一卷
孫廷尉集一卷 陶彭澤集一卷 何衡陽集一卷 傅光祿集一卷
謝康樂集二卷 顏光祿集一卷 鮑參軍集二卷 袁陽源集一卷
謝法曹集一卷 謝光祿集一卷 竟陵王集二卷 王文憲集一卷

四兩 十二兩

王寧朔集一卷　謝宣城集一卷　張長史集一卷　孔詹事集一卷

梁武帝集一卷　梁昭明集一卷　梁簡文帝集二卷　梁元帝集一卷

江醴陵集二卷　沈隱侯集二卷　陶隱居集一卷　丘司空集一卷

任中丞集一卷　王左丞集一卷　陸太常集一卷　劉戶曹集一卷

王詹事集一卷　劉秘書集一卷　劉豫章集一卷　劉庶子集一卷

庾度支集一卷　何記室集一卷　吳朝請集一卷　陳後主集一卷

徐僕射集一卷　沈侍中集一卷　江令君集一卷　張散騎集一卷

高令公集一卷　溫侍讀集一卷　邢特進集一卷　魏特進集一卷

庾開府集二卷　王司空集一卷　隋煬帝集一卷　盧武陽集一卷

李懷州集一卷　牛奇章集一卷　薛司隸集一卷

有旧板

子 抄白 數書九章十八卷 宋秦九韶著 四册 一函 入巳部

集 抄白 胡仲子文集十卷 明胡翰仲申 門人劉綱編 五册 入巳部

集 抄白 牟陵陽先生集二十四卷 元牟巘獻之 男應復編 十四册 入巳部

集 抄白 杜東原集七卷 明杜瓊用嘉 錢遵王藏 一册 入巳部

史 抄白 古今方輿書目 本朝顧祖禹 一册 入巳部

史 舊板 宋季三朝政要六卷 二册 入巳部

集 舊板 全室外集九卷 明釋宗泐季潭 二册 入巳部

集 舊板 張處士全歸集七卷 元張庸惟中 孫琳編次 二册 入巳部

集 綿 半軒集十二卷補遺二卷楮園草一卷 元王行止仲 四册 入巳部

集　集　集　集　集　子　史　集　子　子

綿　竹洲文集二十卷附録一卷　宋吴儆 益恭　四冊　入巳部

抄白　玉臺新詠十卷　南陽穀道人臨校本　一冊　入巳部

抄白　蒲菴集六卷附幻菴詩一卷　元吴隱 興公　四冊　入巳部

綿　蘇平仲文集十六卷　明蘇伯衡　四冊　入巳部

鳴盛集四卷　明林鴻 子羽　二冊　入巳部

綿　雍録十卷　宋程大昌　二冊　入巳部

烏臺詩案一卷　一冊　入巳部

抄白　王友石詩集五卷　明王紱 孟端　一冊　入巳部

綿　釋名八卷　漢劉熙 成國　一冊　入巳部

抄白　辨惑編四卷附録一卷　元謝應芳　二冊　入巳部

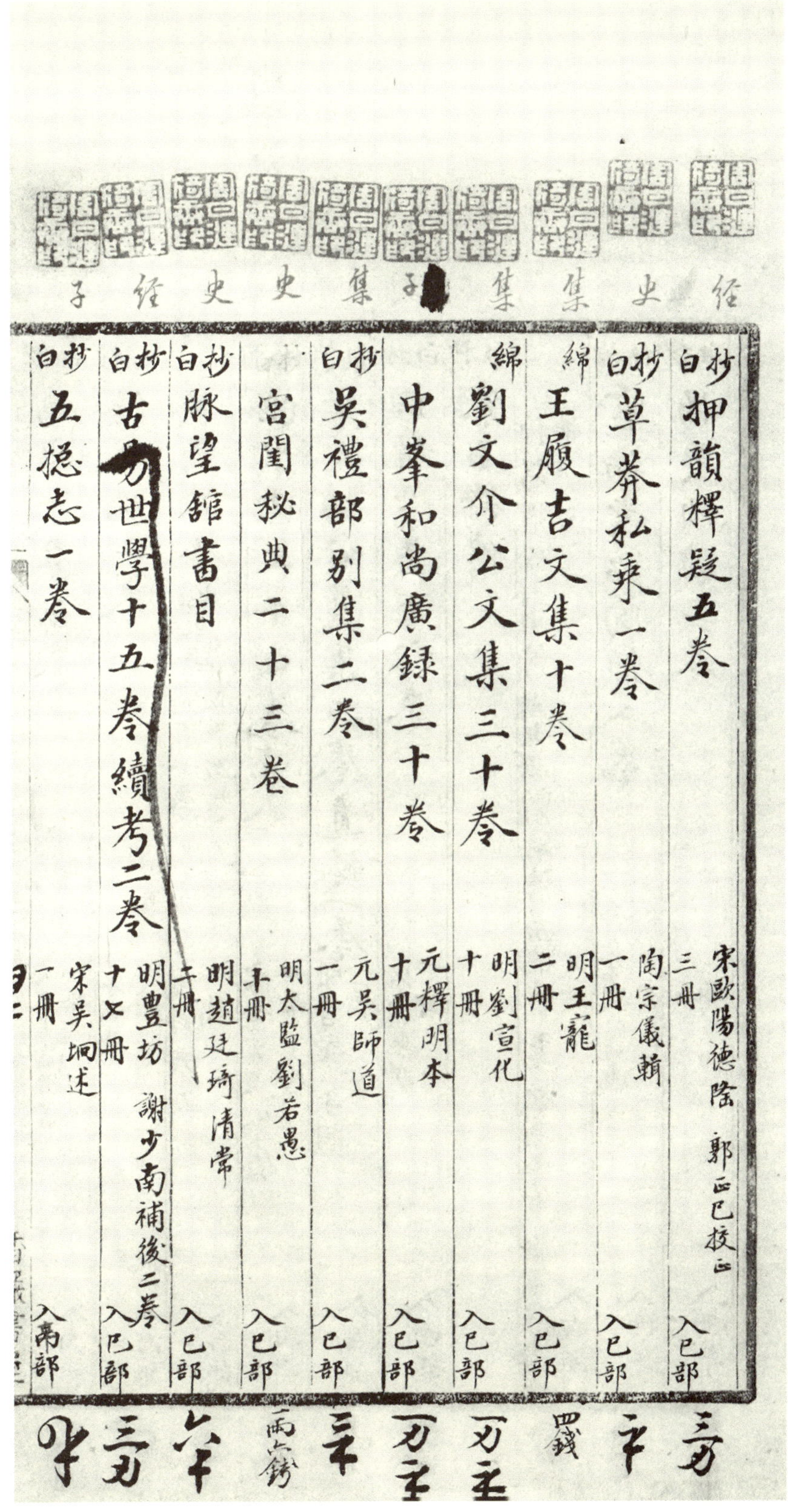

抄白　押韻釋疑五卷　宋歐陽德隆　郭正己校正　三册　入巳部

抄白　草莽私乘一卷　陶宗儀輯　一册　入巳部

綿　王履吉文集十卷　明王寵　二册　入巳部

綿　劉文介公文集三十卷　明劉宣化　十册　入巳部

中峯和尚廣録三十卷　元釋明本　十册　入巳部

抄白　吳禮部別集二卷　元吳師道　一册　入巳部

宮閨秘典二十三卷　明太監劉若愚　十册　入巳部

抄白　脉望館書目　明趙琦清常　二册　入巳部

抄白　古今世學十五卷續考二卷　明豐坊　謝少南補後二卷　十七册　入巳部

抄白　五總志一卷　宋吳坰述　一册　入南部

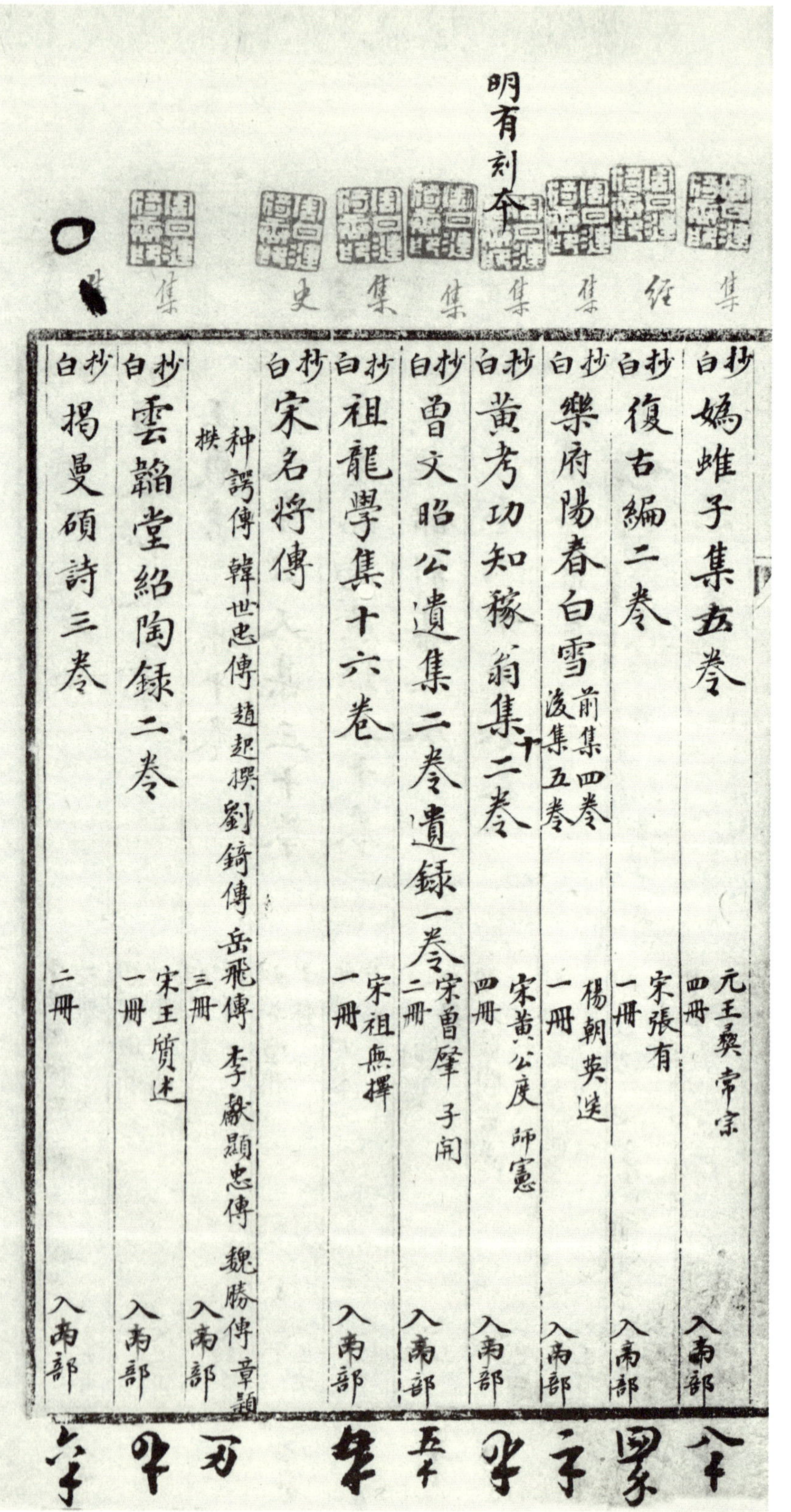
明有刻本

抄白 嫣雌子集五卷 元王桑常宗 四册 入南部

抄白 復古編二卷 宋張有 一册 入南部

抄白 樂府陽春白雪 前集四卷 後集五卷 楊朝英選 一册 入南部

抄白 黄考功知稼翁集十二卷 宋黄公度 師憲 四册 入南部

抄白 曾文昭公遺集二卷遺録一卷 宋曾肇 子開 二册 入南部

抄白 祖龍學集十六卷 宋祖無擇 一册 入南部

抄白 宋名將傳 种諤傳 韓世忠傳 趙起撰 劉錡傳 岳飛傳 李顯忠傳 魏勝傳 章穎撰 三册 入南部

抄白 雲韶堂紹陶録二卷 宋王質述 一册 入南部

抄白 揭曼碩詩三卷 二册 入南部

集 抄白 沈下賢文集十二卷 唐沈亞之 二冊 入辛部

集 抄白 玉山名勝集 玉山名勝外集 元顧仲瑛 四冊 入辛部

集 抄白 竹居詩集一卷 元王珙 廷珪 一冊 入辛部

集 抄白 来鶴草堂稿一卷 元呂敬夫 一冊 入辛部

集 抄白 張光弼詩集 元張昱任 四冊 入辛部

集 抄白 宋人小集 孫耕閒集 宋孫鋭 方泉詩集三卷 宋周文璞 雪溪詩五卷 宋王銍 柳塘外集二卷 宋釋道璨 羅滄洲集一卷 宋羅公升 北山小集一卷 宋程俱 陶邕州小集一卷 宋陶弼 紹陶集二卷 宋王質 宋賓王校 二冊 入辛部

史 綿 唐鑑二十四卷 宋范祖禹撰 呂祖謙註 四冊 入庚部 八錢

集 抄白 李元賓文編三卷外編一卷 唐李觀 一冊 入庚部

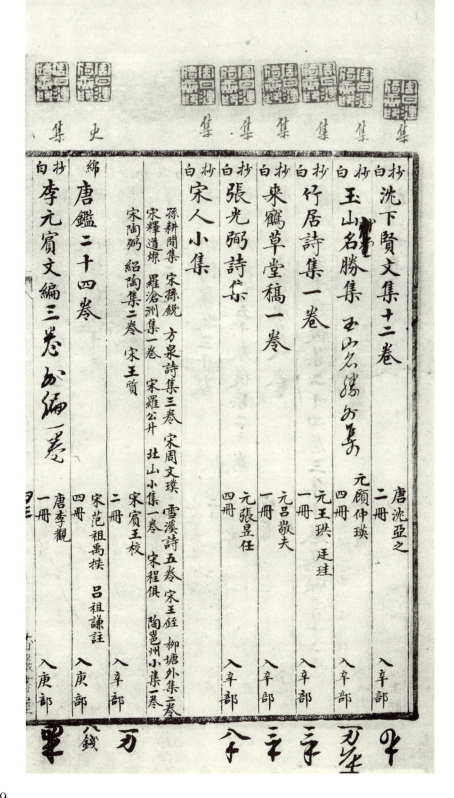

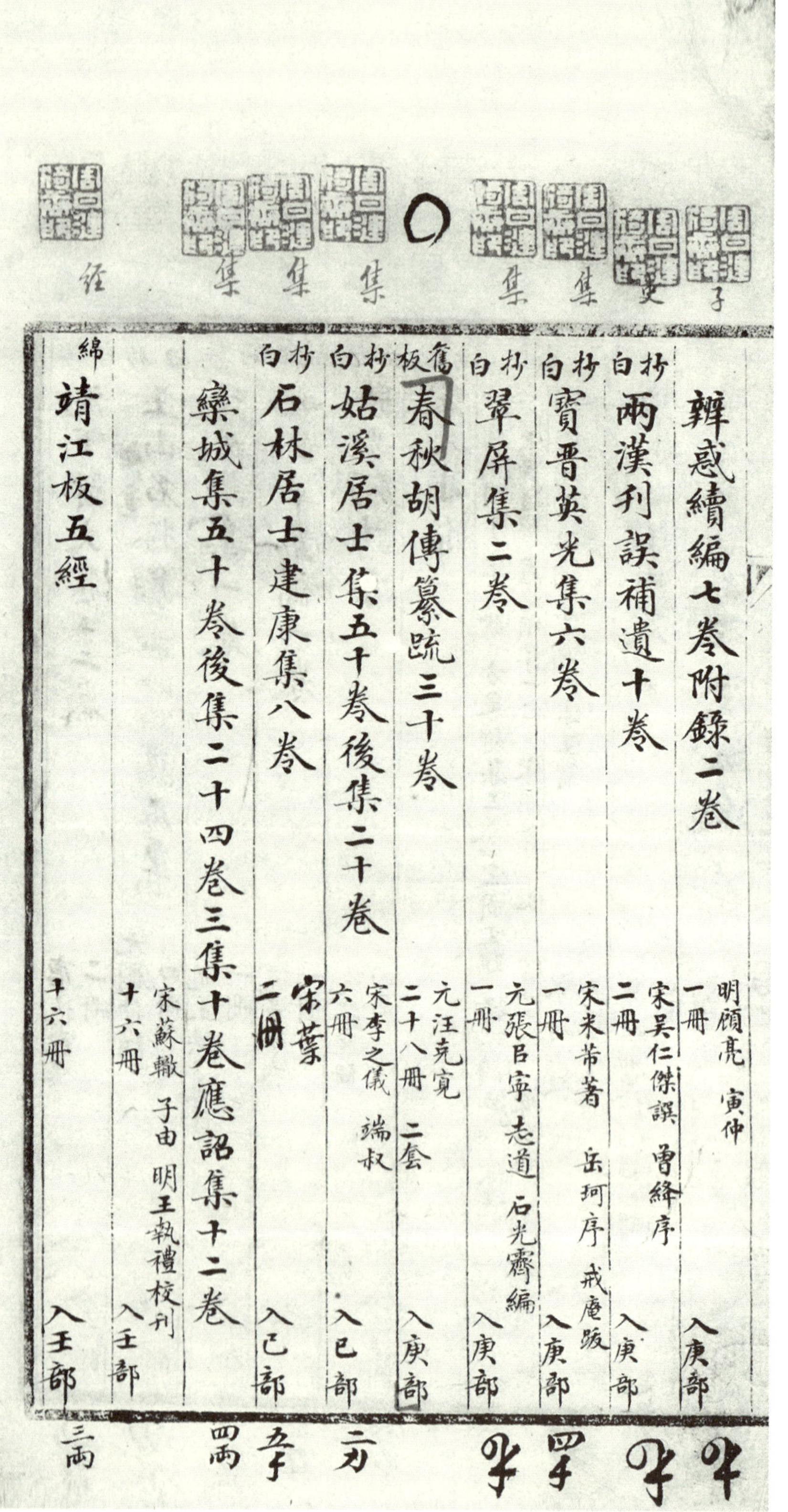

辨惑續編七卷附錄二卷　明顧亮　寅仲　一冊　入庚部

抄白　兩漢刊誤補遺十卷　宋吳仁傑撰　曾絳序　二冊　入庚部

抄白　寶晉英光集六卷　宋米芾著　岳珂序　戒庵跋　一冊　入庚部

抄白　翠屏集二卷　元張呂寧　志道　石光霽編　一冊　入庚部

舊板　春秋胡傳纂疏三十卷　元汪克寬　二十八冊　二套　入庚部

抄白　姑溪居士集五十卷後集二十卷　宋李之儀　端叔　六冊　入巳部

抄白　石林居士建康集八卷　宋葉　二冊　入巳部

欒城集五十卷後集二十四卷三集十卷應詔集十二卷　宋蘇轍　子由　明王執禮校刊　十六冊　入壬部

綿　靖江板五經　十六冊　入壬部

一有刻本

經 御 集　史經　類史　史　集　子　子　禾

| 集 | 御 | 經 | 史 | | 類 | 史 | 史 | 集 | 子 | 子 | 禾 |

抄　全唐文一百六十卷　　　　本朝陳邦彥　一百六十冊　入貞部　一百兩

綿　全唐詩一百二十卷　　　本朝曹寅等輯　一百二十冊　入貞部

綿　說文解字十五卷　　　漢許慎　六冊　入壬部

抄　西漢會要七十卷東漢會要四十卷十二冊　宋徐天麟　入辛部　三兩二錢

白抄　大唐詔令一百三十卷　　八冊　入辛部

抄　太平治迹統類　　十冊　入辛部

抄　吳越備史　　一冊　宋陳坦　四冊　入辛部

抄　陳木鐘集十一卷　　四冊　入辛部

抄　蘇長公外紀十二卷　　四冊　入辛部　元吾衍　一冊　入辛部

抄　吾子行雜編　　　一冊　入辛部

211

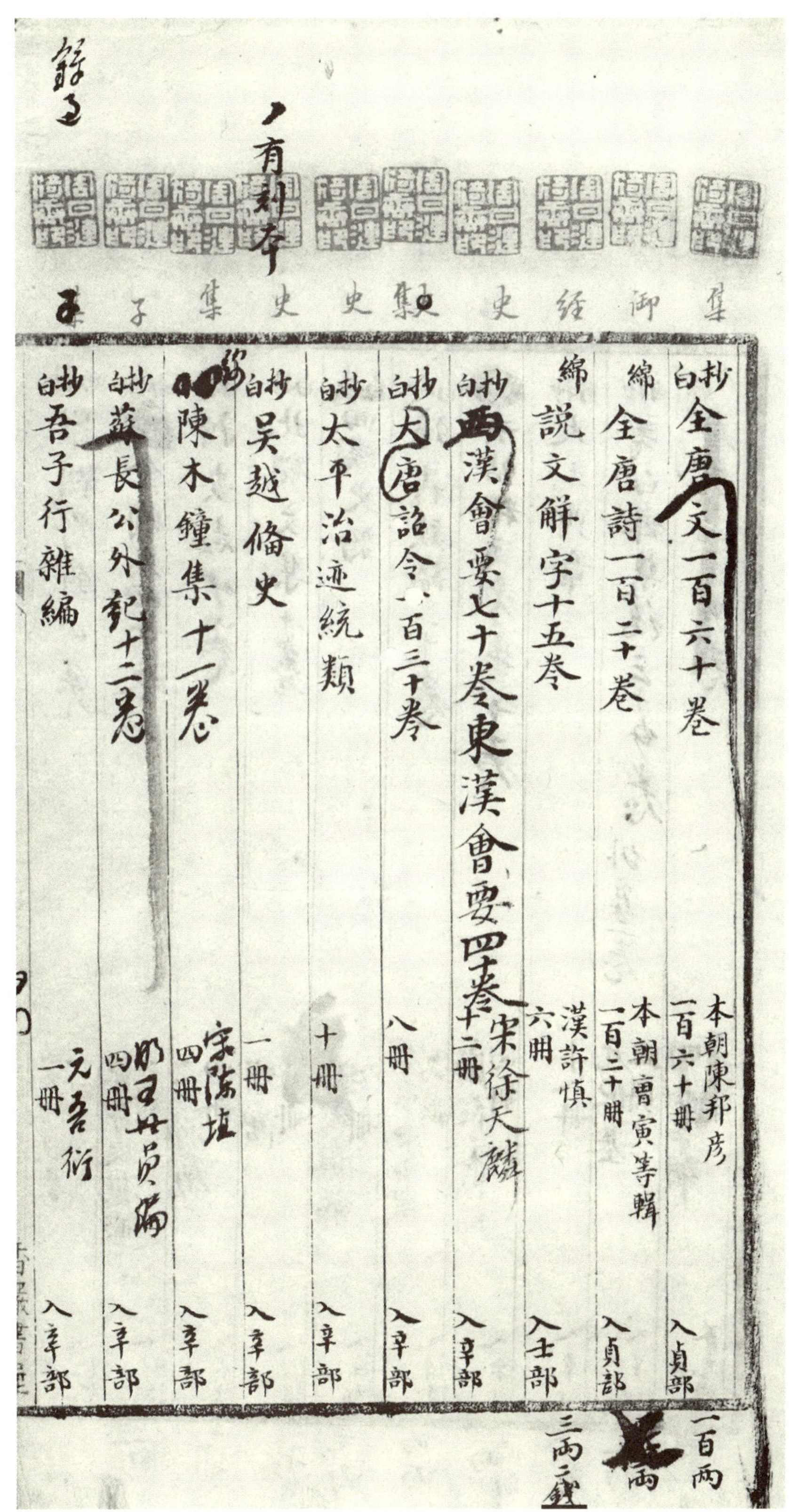

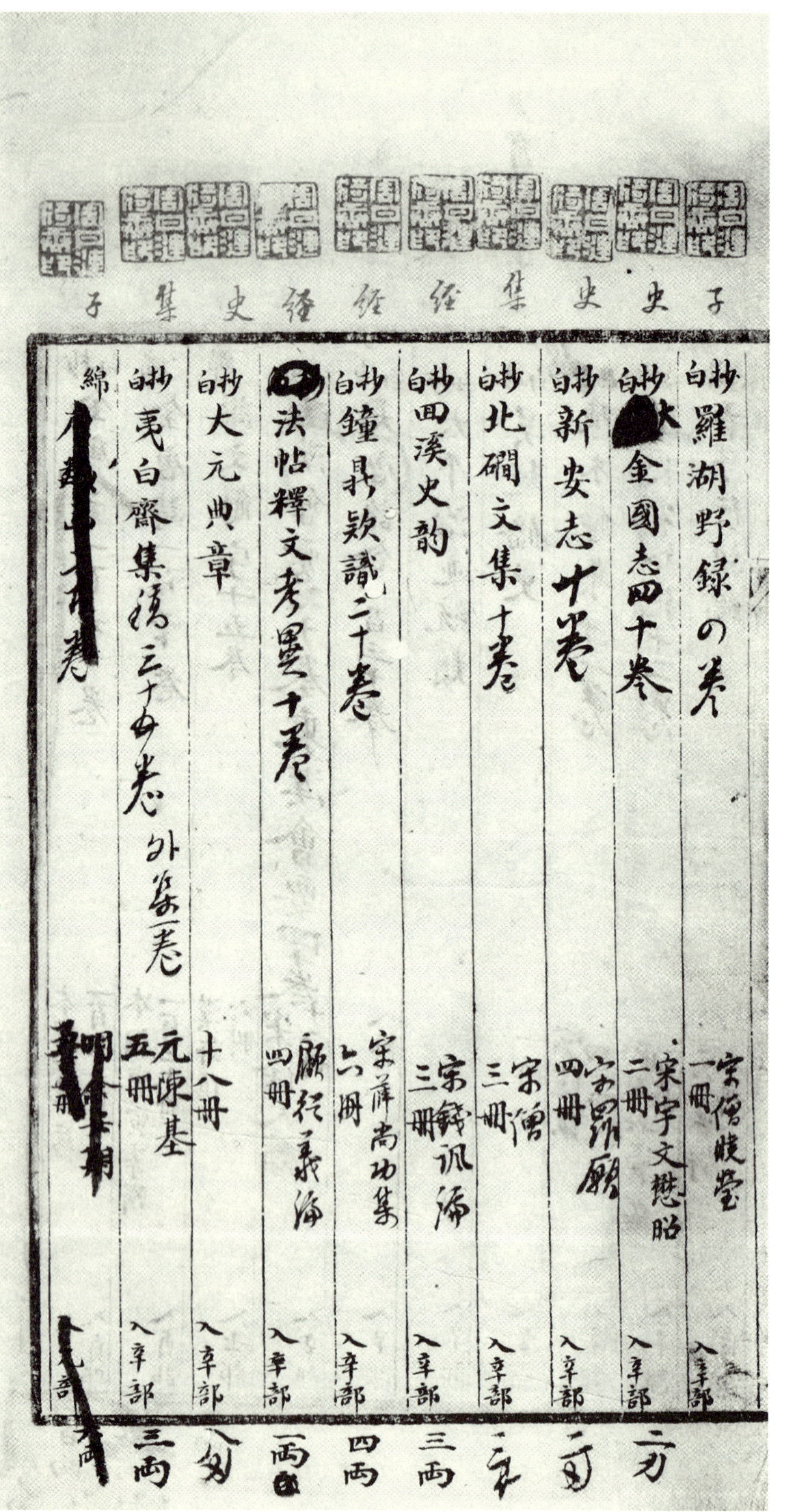

子 抄白 數類四十卷 三十二冊 文元部 十六兩

集 汲古閣 元人四集十種 十六冊 毛晉刊 入癸部

毛西河集

史 抄白 宋中興兩朝聖政六十三卷 四十八冊 入癸部

子 抄白 營造法式三十四卷 宋李誡 十二冊 入癸部

子 抄白 廣川書跋十卷 宋董逌 何焯校 一冊 入癸部

子 抄白 文心雕龍十卷 梁劉勰 一冊 入癸部

集 抄白 清容居士集五十卷 元袁桷 十二冊 入癸部 [illegible]兩

史 會稽志二十卷續志八卷 宋施宿撰、張淏續 十二冊 入癸部 八兩

子 南部新書十卷 宋錢希白 二冊 六錢

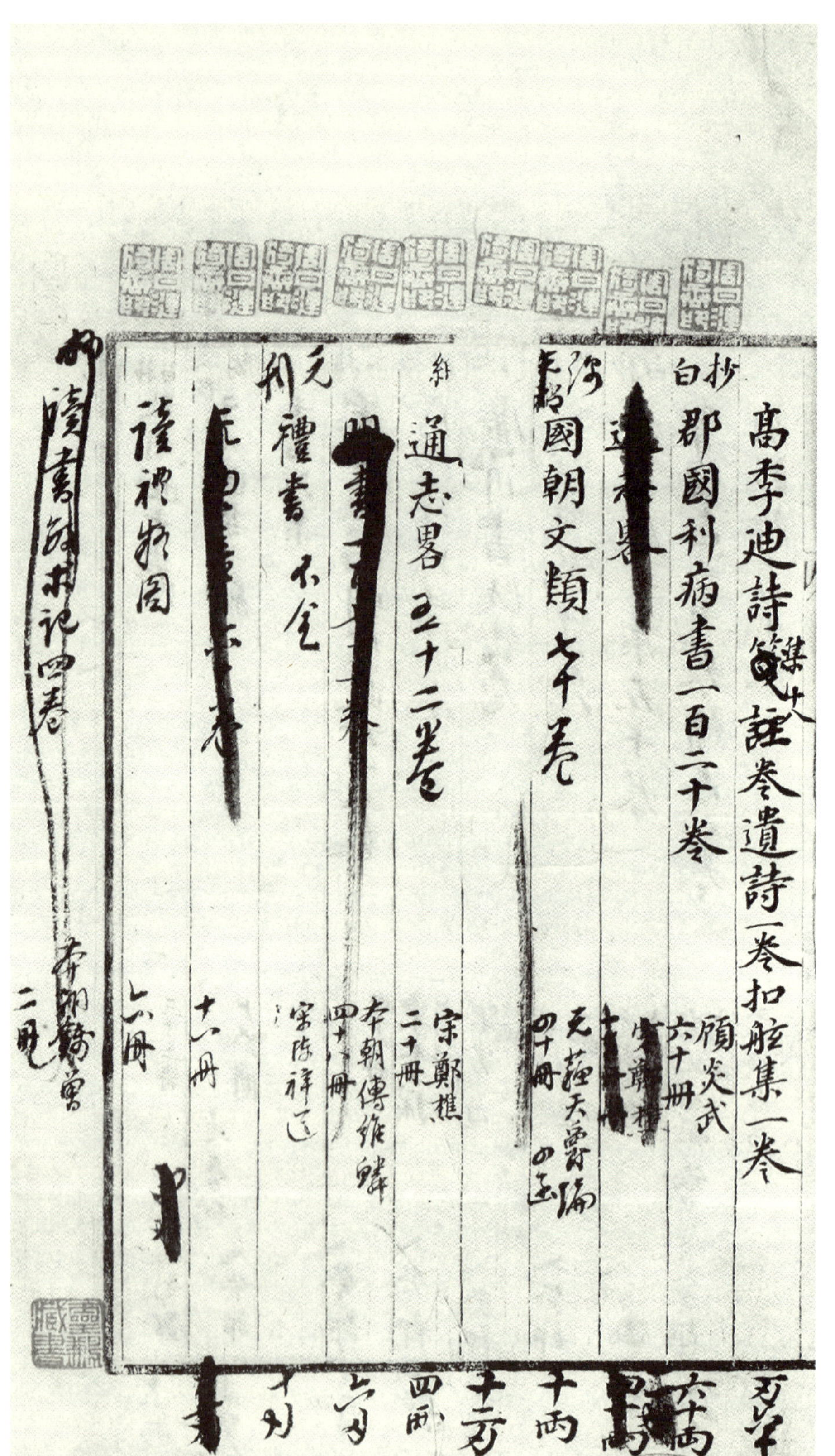

高季迪詩集十八卷、遺詩一卷、扣舷集一卷

抄白 郡國利病書一百二十卷 顧炎武 六十册

國朝文類七十卷 元蘇天爵編 四十册

通志略五十二卷 宋鄭樵 二十册

元刊禮書 不全 宋陳祥道

讀禮叢鈔

讀書敏求記四卷 二册

索引凡例

一、本索引爲筆畫索引，按筆畫數由少到多的次序排列，筆畫數相同的，按起筆筆形横（一）、竪（丨）、撇（丿）、點（丶）、折（乛）的次序排列，起筆筆形相同的按第二筆筆形次序排列，依次類推。

二、本索引用字使用《現代漢語詞典》（第七版）所列標準繁體字。同一條目原書有多個用字的歸并到一個用字下，其後括注其他用字，如岳珂（柯）；原著録經考證證實有誤的，予以改正，原著録括注其後并注明誤，如蕭嵩（蕭鸞，誤）。

三、原書著者以字號或帝王廟號著録的，凡可考證的均以本名列目括注字號或廟號，如納蘭性德（成德）、李隆基（唐玄宗）。

四、因原書字迹潦草不可辨識的以『■』代替，原書缺字的以『□』代替。

書名筆畫索引

一畫

二畫

三畫

四畫

五畫

七畫

八畫

九畫

十畫

十一畫

十二畫

十三畫

十四畫

十五畫

十六畫

十七畫

十八畫

十九畫

二十畫

二十一畫

二十二畫

二十三畫

二十四畫

二十九畫

著者筆畫索引

五畫

六畫

七畫

八畫

九畫

十畫

十一畫

十二畫

十三畫

十四畫

十五畫

十六畫

十七畫

十八畫

十九畫

二十畫

二十一畫

二十二畫